KB202859

이재철의 메시지

믿음이란 한 알의 밀알이 땅에 떨어져 죽음으로 많은 열매를 맺음과 같이
진리의 열매를 위하여 스스로 죽는 것을 뜻합니다. 눈으로 볼 수 없으나
영원히 살아 있는 진리와 목숨을 맞바꾸는 자들을 우리는 믿는 이라고
부릅니다.
〈믿음의 글들〉은 평생, 혹은 가장 귀한 순간에 진리를 위하여 죽거나 죽기를
결단하는 참 믿는 이들의, 참 믿는 이들을 위한, 참 믿음의 글들입니다.

이재철의 메시지

홍성사.

머리말을 대신하여

오늘날 튀르키예 영토인 안타키아, 본문의 시리아 안디옥을 찾아가면 초대교회 교인들이 박해 시절에 숨어서 예배 드리던 동굴이 남아 있습니다. 그 동굴에 들어가면 아무리 사람이 많이 앉아도 100명이 못 앉습니다. 고린도 교회, 에베소 교회, 갈라디아 교회 등 성경에 등장하는 모든 교회들은 가정 교회들입니다. 세상의 평가, 세상의 박수갈채, 세상의 관점이 아니라 오직 하나님의 평가, 하나님의 셈하심, 하나님의 심판, 하나님의 상 주심을 푯대로 삼고 이 시대의 참되고 신실한 그리스도인으로 살아간다면, 주님께서는 바로 여러분을 통해 반드시 이 시대에 당신의 섭리를 이루십니다. 왜냐하면 우리 주님은 시간과 공간을 초월하는 전능하신 주님이시기 때문입니다.

차례

일러두기

· 이 책은 절판된 이재철 목사 메시지《주님의 사람》,《주님의 교회》,《주님
 의 심판》,《주님의 치유》,《고생의 밥과 물》,《교인의 수준, 목사의 수준》
 과 과역중앙교회에서 전한 설교 '자연 그리고 믿음 1, 2'를 묶은 것이다.

· 저자가 전한 설교를 녹취하여 텍스트에 대한 저자 검토 없이 편집팀의
 교정·교열을 거쳤다. 각 교회별 설교를 모았으므로 중복되는 내용도 그
 대로 실었다.

· '주님의 교회', '주님의 심판', '주님의 치유'는 기도문이 음성으로 남아
 있지 않아 각각 2015년 100주년기념교회 여름 수련회에서 동일한 주제
 로 전한 설교, 아멘넷 2014년 11월 21일자 기사인 〈이재철 목사가 30주
 년 팰리세이드교회를 격려한 이유〉에 실린 기도 녹취문, 2015년 100주
 년기념교회 여름 수련회에서 동일한 주제로 전한 설교 후 기도문을 바탕
 으로 실었다.

· '머리말을 대신하여'는 본문에서 편집자가 발췌하였다.

2020. 6. 14.
과역중앙교회 주일 오전 예배

자연 그리고 믿음 1

1 디베료 황제가 통치한 지 열다섯 해 곧 본디오 빌라도가 유대의 총독으로, 헤롯이 갈릴리의 분봉 왕으로, 그 동생 빌립이 이두래와 드라고닛 지방의 분봉 왕으로, 루사니아가 아빌레네의 분봉 왕으로, **2** 안나스와 가야바가 대제사장으로 있을 때에 하나님의 말씀이 빈 들에서 사가랴의 아들 요한에게 임한지라 **3** 요한이 요단 강 부근 각처에 와서 죄 사함을 받게 하는 회개의 세례를 전파하니 **4** 선지자 이사야의 책에 쓴 바 광야에서 외치는 자의 소리가 있어 이르되 너희는 주의 길을 준비하라 그의 오실 길을 곧게 하라 **5** 모든 골짜기가 메워지고 모든 산과 작은 산이 낮아지고 굽은 것이 곧아지고 험한 길이 평탄하여질 것이요 **6** 모든 육체가 하나님의 구원하심을 보리라 함과 같으니라

누가복음 3장 1-6절

이스라엘에는 유대 광야가 있습니다. 적지 않은 사람들이 오해하는 것처럼 그 광야는 사막이 아닙니다. 잘 아시다시피 사막은 한자로 모래 '사沙' 자에 넓을 '막漠' 자를 씁니다. 사막은 끝도 없이 펼쳐진 모래벌판입니다. 모래에서는 생물이 살 수 없지 않습니까. 사막은 죽음의 벌판이라고 할 수 있습니다.

그런데 성경에 나오는 유대 광야는 사막이 아니고 넓을 '광廣' 자에 들 '야野' 자를 씁니다. 넓은 벌판인데 단지 비가 오지 않아서 황무지가 된 땅입니다. 바꾸어 말하면 광야, 황무지인데, 초목 하나 없는데 비가 오기만 하면 초목이 나는 땅입니다. 단지 자연 조건상 비가 오지 않아서 그냥 빈 들이 된 땅입니다. 유대 광야도 사람이 살 수 있는 조건이 갖추어져 있지 않습니다. 아무것도 없는 황무지이기 때문입니다.

그 황무지를 굳이 찾아가는 세 종류의 사람이 있었습니다. 첫 번째 부류는 범죄자들입니다. 범죄를 저지르고 어쩔 수 없이 일정한 기간 도망가야 될 때 황무지는 그들에게 좋은 피신처가 되었습니다. 우리는 습식 음식 문화 아닙니까? 우리는 국물이 있어야 합니다. 밥도 물을 넣고 지어야 되지 않습니까. 그러니까 이 습식 음식 문화권에 있는 사람들은 도망 다닐 때에 음식을 들고 다니기가 참 어렵습니다.

그런데 이스라엘 사람들은 건식을 했습니다. 마른 음식을 먹었습니다. 그렇기 때문에 큰 빵 덩어리, 마른 육포, 이런 걸 짊어지고 광야 속 동굴로 들어가면 일정한 기간 얼마든지 피신해서 살 수 있었습니다.

두 번째 광야를 찾는 부류는 강도들이었습니다. 강도들이 광야에 진을 치고 살면서, 광야를 횡단하지 않을 수 없는 행인들의 물품을 훔쳤습니다. 누가복음 10장에 보면 예루살렘에서 여리고로 가다가 강도 만난 사람의 이야기가 나옵니다. 예루살렘과 여리고 사이에 유대 광야가 있습니다. 그 강도들은 광야에 진을 치고, 지나가는 행인들을 기다리던 강도들이었음을 알게 됩니다.

세 번째 부류는 범죄자도 아니고 강도도 아닙니다. 하나님과 좀더 가까이 대면하길 원하는 사람들, 더 영성 깊은 신앙생활을 원하는 사람들이었습니다. 서두에 말씀드린 것처럼 광야는 아무것도 없는 황무지입니다. 아무것도 보이지 않기 때문에 보이지 않는 하나님을 볼 수 있는 곳이 광야였습니다. 아무것도 들리지 않기 때문에 하나님의 음성이 들리는 곳이 광야였습니다. 그래서 좀더 하나님과 가까이 대면하고, 하나님과 더 깊은 대화를 나누고 싶어 하는 영성의 사람들이 이 광야를 찾아 들어갔습니다.

빈 들에서 임한지라

오늘 본문에는 여덟 사람이 등장합니다. 첫 번째 사람이 나옵니다.

1절입니다.

디베료 황제가 통치한 지 열다섯 해

오늘 본문의 시기는 디베료 황제가 통치를 시작한 지 15년째 되는 해입니다. 첫 번째 등장하는 사람은 디베료 황제입니다. 디베료 황제는 당시 지중해 세계를 석권했던 그 거대한 로마 제국의 황제입니다. 이 황제가 어디에 살았겠습니까? 거대한 로마 제국의 심장, 수도 로마의 거대한 황궁에 살던 사람입니다. 2천 년 전 그 당시에 디베료 황제보다 더 웅장한 집에 사는 사람이 있었겠습니까?

두 번째 사람입니다.

곧 본디오 빌라도가 유대의 총독으로

두 번째 인물은 본디오 빌라도인데 우리가 잘 아는 것처럼 그는 유대 지방 총독이었습니다. 당시 유대 총독은 로마 제국 군인 6천 명을 이끌고 식민지 유대에 주둔했습니다. 그러니까 유대 지방 제1실권자입니다. 가이샤라에 그의 관저가 있었고 예루살렘에도 그의 거처가 있었습니다. 적어도 이스라엘 내에 그 땅을 식민 통치하는 유대 총독의 집보다 더 웅장한 규모가 있었겠습니까?

세 번째 인물입니다.

헤롯이 갈릴리의 분봉 왕으로

이 헤롯은 헤롯 대왕의 아들 헤롯 안티파스를 일컫습니다. 이 사람은 갈릴리 지역의 왕, 분봉 왕이었습니다. 분봉 왕이기 때문에 로마 황제 또는 유대 총독에 비해서는 그 권세가 약할지 모르지만 어쨌든 갈릴리 지역의 왕, 일인자입니다. 분봉 왕인 만큼 그 역시 왕궁에 사는 사람입니다. 갈릴리 지역에서는 가장 웅장한 집에 사는 사람입니다.

네 번째 인물입니다.

그 동생 빌립이 이두래와 드라고닛 지방의 분봉 왕으로

헤롯 빌립은 갈릴리 북쪽 지역의 분봉 왕이었습니다. 그도 명색이 왕이니까 왕궁에 살지 않았겠습니까.
다섯 번째 인물입니다.

루사니아가 아빌레네의 분봉 왕으로

루사니아라고 하는 사람은 이스라엘 북방에 있는 헤르몬 산 그 북동 편 지역의 분봉 왕입니다. 이 사람도 왕입니다. 그러니까 이 사람의 거처도 왕궁입니다.
여섯 번째, 일곱 번째 인물입니다.

안나스와 가야바가 대제사장으로 있을 때에

원래 대제사장은 한 명뿐이지 않습니까. 그런데 로마 제국이 이스라엘을 식민 통치하면서 대제사장을 임명했습니다. 로마 제국으로부터 권세를 위임받은 분봉 왕 헤롯 안티파스가 임명권을 행사했는데 결국은 뒤에 있는 로마 제국이 행사하는 것입니다.

그런데 안나스가 대제사장일 때 로마 제국과 척을 지게 되었는데 대제사장직을 더 이상 수행할 수 없게 되니까 정치적인 수완을 써서 자기 사위 가야바를 대제사장직에 임명되도록 했습니다. 그리고 뒤에 앉아서 여전히 대제사장 권력을 다 행사한 겁니다. 그래서 당시 사람들은 둘 다 그냥 대제사장이라고 불렀습니다. 신약 성경에는 이 두 사람을 가리켜서 "대제사장들과" 이렇게 항상 표현이 됩니다.

이 대제사장들은 단순한 사제가 아닙니다. 당시 종교 권력은 유대인들 사이에서 절대적이었는데 종교 권력 서열 1위, 2위입니다. 이들 집이 얼마나 컸는가 하면 이들이 예수님을 죽이기 위해서 처음으로 재판을 할 때 어디에서 합니까? 대제사장 집 뜰에서 합니다. 거기에 예수님을 잡아온 군인 무리도 있고, 구경꾼도 있고, 베드로도 거기에 있습니다. 사람들로 가득 찬 상태에서 재판을 할 정도의 대저택이었습니다. 그러니까 이 두 사람이 사는 집 또한 당시 유대 서민들과는 전혀 다른 집입니다.

이 일곱 명을 보면 한 사람은 황제, 세 사람은 분봉 왕, 한 사람은 총독, 두 사람은 절대 종교 권력입니다. 대단한 사람들 아닙니까? 이 사람들이 세상에서 다른 사람들보다 많은 걸 누리면 '하나님께서 내게 이렇게 복을 더 많이 주셨네' 하면서 하나님과 더 가까워야 하지 않겠습니까? 그런데 2절 마지막이 이렇게 증언합니다.

　　하나님의 말씀이 빈 들에서 사가랴의 아들 요한에게 임한지라

　　하나님의 말씀은 로마 황제의 황궁에 임하지 않았습니다. 본디오 빌라도 총독 관저에 임하지 않았습니다. 분봉 왕들의 왕궁에도 임하지 않았습니다. 대제사장들의 대저택에도 임하지 않았습니다.

　　빈 들이 무엇이겠습니까? 비가 오면 초목으로 가득 찬 들이 되는데 비가 오지 않아서 빈 들, 황무지, 광야라는 말입니다. 광야에서 메뚜기를 식량으로 삼아 먹고살던 세례 요한에게 하나님의 말씀이 임했습니다. 왜 그렇겠습니까?

　　로마 황궁에는, 총독 관저에는, 분봉 왕 왕궁에는, 대제

사장 저택에는 있는 것이 너무 많습니다. 보이는 것이 너무 많습니다. 보이는 것이 많아서 보이지 않는 하나님을 볼 도리가 없습니다. 그들은 가진 것이 너무 많습니다. 행사할 수 있는 것이 너무너무 많습니다. 그러므로 시공을 초월하시는 하나님이 그들 옆에서 말씀을 하셔도 그 말씀을 들을 귀가 없습니다.

세례 요한은 하나님의 말씀을 더 깊이 듣기 위해서, 하나님과 더 깊이 대면하기 위해서 자발적으로 그 황무지를 찾아 들어간 사람입니다. 아무것도 보이지 않기 때문에 그의 눈에는 보이지 않는 하나님만 보이는 것입니다. 이 세상에서 들리는 사람의 소리가 없기 때문에 세례 요한의 귀에는 하나님의 말씀만 들렸던 것입니다. 그래서 "하나님의 말씀이 빈 들에서 사가랴의 아들 요한에게" 임했습니다. 빈 들을 강조합니다.

사도 바울이 이렇게 고백합니다.

우리가 주목하는 것은 보이는 것이 아니요 보이지 않는 것이니 보이는 것은 잠깐이요 보이지 않는 것은 영원함이라(고후 4:18)

우리가 믿는다는 것은 이 보이는 것을 주목하는 것 아닙니다. 보이는 것 너머에 계시는 보이지 않는 분, 그분에게 주목하는 것입니다. 여러분, 이 보이는 것 아무리 멋져도 지금 쇠퇴하고 있는 중입니다. 이 건물도 몇십 년 후면 다 쇠락합니다. 이 보이는 것 너머에 계시는 보이지 않는 그분, 그분은 쇠락하는 분이 아닙니다. 영원하신 분입니다. 그분을 보는 것입니다.

예수님께서 이 땅에 오셔서 공생애를 시작하실 때 사탄에게 시험을 받으십니다. 예수님께서 자발적으로 받으신 것이 아닙니다. 마태복음 4장 1절입니다.

그때에 예수께서 성령에게 이끌리어 마귀에게 시험을 받으러 광야로 가사

하나님의 영이신 성령님께서 이 땅에 몸을 입고 오신 예수님에게 이제부터 공생애를 시작해야 할 터인데 마귀의 시험을 거쳐야 된다고 합니다. 그런데 어디서 거칩니까? 성령님께서 예수님을 인도하신 장소가 광야입니다. 화려한 건물이 아닙니다. 화려한 예배당이 아닙니다. 아무것도

없는 빈 들이었습니다.

그 빈 들에서 예수님께서 뭐하셨습니까? 40일 동안 금식하셨습니다. 성경에는 "사십 일을 밤낮으로 금식하신 후에 주리신지라" 이렇게 되어 있습니다. 아주 압축해서 설명했습니다. 주님께서 40일 동안 금식하시면서 뭐 하셨겠습니까? 큰 바위 위에 가부좌 틀고 40일간 가만히 앉아만 계셨겠습니까?

아무것도 보이지 않는 그 빈 들에서 먹지 않고 마시지 아니하시면서 주님의 시선은 보이지 않는 그 하나님에게 고정되고, 주님의 귀는 보이지 않는 그 하나님의 음성에 열려 있었던 것입니다. 그렇게 40일을 지나셨습니다.

그 40일을 지나고 나서 사탄이 유혹합니다. '너 정말 하나님의 아들이야? 그럼 말이야, 여기 지천에 깔려 있는 이 돌로 빵을 만들어 한번 먹어봐.' 돌로 빵을 만들 수 있으면 돌로 금인들 못 만들겠습니까? '돌멩이로 빵을 만들어 먹어라.' 그게 무슨 얘기입니까? '물신주의가 되어라', '배금주의를 받아들여라'입니다. 오늘날 현대인들이 무엇으로 삽니까? 돌멩이로 황금 만들겠다고 다 동분서주합니다.

도시 사람들이 만약 그런 능력을 갖고 있었다면 당장 돌로 금덩어리를 만들어서 세계 제일의 갑부가 되고 그 성공 스토리가 다큐멘터리로 방송되었을 것입니다. 주님께서 말씀하십니다. '사람은 빵으로만 사는 거 아니야. 사람은 하나님의 입으로 나오는 모든 말씀으로 사는 것이야.' 그 말씀을 어디서 하셨습니까? 광야입니다. 빈 들입니다.

"네가 정말 하나님 아들이야? 그러면 높은 데서 뛰어내려봐." 사탄이 두 번째 유혹의 덫을 던졌습니다. 네가 정말 하나님 아들이면 네 자신을 하나님으로 한 번 과시해 보라는 것입니다. 여러분, 현대인들이 이렇게 삽니다. 자기가 하나님입니다. 자기가 전부 옳습니다. 이 세상에 나를 당할 자 없으면 예수님이 그 높은 데서 뛰어내리셔서 스파이더맨처럼 착지하시면 얼마나 폼이 났겠습니까. '주 너의 하나님을 시험하지 마라. 그 자리가 빈 들이다.'

세 번째 유혹입니다. '나한테 무릎 꿇고 경배해라. 천하 만국의 권세를 너에게 주겠다.' 수단과 방법을 가리지 말고 네 목적 성취하라는 말입니다. 현대인들은 자신이 목적하는 바를 얻기 위해서 수단과 방법을 안 가립니다. 그리스도인은 예외입니까?

예수님께서 말씀하셨습니다. "사탄아 물러가라 주 너의

하나님께 경배하고 다만 그를 섬기라 하였느니라." 어디서 말씀하셨습니까? 빈 들이었습니다. 빈 들만이, 사람의 손으로 만든 인공물이 없는 자연만이 하나님과 바르게 대면하게 해줍니다.

빈 들에서 부르심

제가 1990년도에 이스라엘을 여행하면서 유대 광야를 보았습니다. 만약에 제가 한 달간 아무것도 하지 않고 시간을 낼 수 있다면 유대 광야에 텐트를 치고 한 달을 살고 싶다는 소망이 있었습니다. 그런데 이제 연령상 불가능하게 됐습니다.

그 유대 광야는 황톳빛 황무지만 펼쳐지기 때문에 그냥 하나님이 보이고 하나님이 들리는 겁니다. 이런 관점에서 성경을 한 번 보십시다. 주님께서 불러서 쓰신 사람들에게는 다 공통점이 있습니다. 모세. 출애굽의 위인입니다. 칼 한 자루, 창 한 자루 없이 수많은 이스라엘 노예들을 이집트 파라오의 군대에 맞서서 해방시켰습니다. 그 모세는 나일 강에 버려졌다가 이집트 공주의 건짐으로 40년 동안 이집트 왕궁에서 왕자로 살았습니다.

상식적으로 생각한다면 모세가 이집트 왕궁에서 왕자로 살고 있을 때 자기 백성을 해방시키는 게 더 쉽지 않았겠습니까? 자기를 따르는 군인들을 집합시키고 칼을 들어 파라오에게 쿠데타를 일으켜서 이스라엘 백성을 해방시키고자 하면 장정만 60만 명인 그 노예들이 싹 다 곡괭이 들고 나올 거 아닙니까? 하루아침에 해방시킬 수 있었을 것입니다. 그런데 하나님께서 안 부르셨습니다.

하나님께서 모세를 부르신 장소가 미디안 광야입니다. 빈 들입니다. 없는 것이 없는, 그 당시 세상에서 모든 것이 다 갖추어져 있는 이집트 왕궁의 왕자로 살 때 그가 이스라엘 백성을 해방시킨다고 하면 성공할 수도 없었겠지만, 설령 성공했다 할지라도 하나님이 하셨다고 믿겠습니까? 자기가 한 것이 됩니다.

모세가 왕자일 때 자기 백성을 위해서 한 일이 자기 히브리 동족을 괴롭히는 이집트 간수, 감독관을 자기 주먹으로 쳐 죽인 것입니다. 40년 왕자 노릇하면서 믿은 건 자신의 주먹입니다. 그 주먹은 깡패의 주먹이 아닙니다. 모세의 주먹은 자기가 가진 권력의 총칭, 그가 누리고 있는 왕자의 힘의 총칭입니다. 그걸로 할 수 있었던 것이 이집트인 하나

죽인 겁니다.

그런데 아무것도 없는 빈 들에서 떨기나무 불 속의 하나님을 뵙고 그 하나님의 음성을 들었을 때 그의 나이는 80세입니다. 아무것도 가진 것이 없습니다. 양을 치는 목자였는데 치는 양은 전부 다 장인 이드로 것입니다. 40년을 처갓집에 얹혀서 살았습니다. 자기 재산이라고는 양을 몰기 위해서 꺾은 마른 나뭇가지 지팡이 하나밖에 없었습니다. 그 지팡이 하나 들고 내미니까 홍해가 갈라지고 그 지팡이로 치니까 반석이 갈라지면서 이스라엘 백성들을 해방시키지 않습니까? 그것이 가능할 수 있었던 것은 그가 미디안 광야 빈 들에 있었기 때문입니다.

이새에게는 여덟 아들이 있었습니다. 다윗이 여덟째, 막내입니다. 위로 형이 일곱 명입니다. 유대 문화는 장자부터 집안일을 하는 것입니다. 아버지 재산도 장자에게 제일 많이 갑니다. 하나님께서 이새 집의 아들 한 명을 이스라엘 왕으로 세우시기 위해서 사무엘 선지자를 보내십니다. '네가 가서 기름을 부어 왕으로 세워라.' 사무엘이 찾아갔을 때 아들 여덟 명이 어디에 있었습니까? 형 일곱은 집에 있었습니다. 제일 막내 다윗이 빈 들에서 양을 치고 있었습니다.

상식적으로 생각하면 막내 다윗이 집에서 놀아야 됩니다. 형들이 들판에 있어야 됩니다. 그런데 그 어린 다윗이 들판에서 양들을 쳤습니다. 그 자연 속에서 하나님의 법칙을 보고 하나님의 음성을 듣고 하나님의 말씀을 듣는 겁니다. 골리앗이 이스라엘을 침공했을 때 그 거인의 위용을 보고 이스라엘 장수들이 모두 겁이 나서 아무도 나가지 못했습니다. 그 사실을 안 어린 소년 다윗이 어떻게 분노할 수 있었습니까? 어떻게 우리 하나님을 모독하는 소리를 듣고 가만히 있을 수 있느냐고 어린 소년이 분노할 수 있었습니까? 들판에서 자연 속에서 하나님과 대면하던 아이였기 때문입니다.

　　'너는 칼과 단창으로 나에게 오지만 나는 만군의 여호와 하나님 이름으로 너한테 간다. 구원은 칼과 창에 있지 않고 전쟁은 하나님께 속한 것이다.' 그리고 물맷돌 하나로 이깁니다. 만약에 다윗이 예루살렘 도시 출신이면 강력한 외국 군대가 침공했다는 이야기 듣고 안전한 외국으로 도주하려고 준비하고 있었을지도 모릅니다.

　　엘리야는 능력의 종입니다. 요단강을 하나님께서 총 두 번 갈라주셨습니다. 첫 번째는 모든 출애굽 백성이 가나안 땅으로 들어갈 수 있도록 갈라주셨습니다. 두 번째는 엘리야 한 개인을 위해서 가르셨습니다. 엘리야가 겉옷을 벗어서 요단강을 쳤을 때 그 한 개인을 위해서 하나님께서 요단강을 열어주셨습니다. 그보다 더 능력의 종이 있겠습니까? 어디 그뿐입니까. 엘리야는 죽지 않고 육신을 가진 채로, 엘리사가 보는 앞에서 불 병거를 타고 승천했습니다. 그 엘리야는 요단강 동편 산악 지대 중에서도 디셉이라는 벽촌 출신입니다. 어릴 때부터 자연 속에서 하나님과 눈을 맞추던 사람입니다.

엘리야의 제자가 엘리사입니다. 엘리사는 성경에서 예수님 다음으로 가장 많은 이적을 베푼 사람입니다. 스케일이 큰 이적을 베푼 사람은 모세입니다. 바다가 갈라지고, 하늘에서 만나와 메추라기가 떨어지고, 반석에서 강이 터집니다. 스케일이 큽니다. 그런데 이적의 숫자로 따지면 엘리사가 제일 많이 행했습니다. 그 엘리사는 요단 계곡의 농부 출신입니다. 그도 자연 속에서 하나님과 얼굴을 마주 대하던 사람입니다.

아모스 선지자는 정의의 선지자라고 부르지 않습니까? 기독인들이 시위할 때 자주 인용하는 성경 구절이 있습니다. 아모스 5장 24절입니다. "오직 정의를 물 같이, 공의를 마르지 않는 강 같이 흐르게 할지어다." 정의를 물같이, 공의를 마르지 않는 강같이 흐르게 하라는 선지자라면 그 삶의 현장이 시위 현장이어야 할 것 같습니다. 이 아모스 역시 드고아 산골 출신입니다. 그 산골에서 살면서 매일매일 하나님의 공의를 보는 겁니다.

여자 가운데에 가장 복된 여자가 있다면 예수님을 자기 태에서 잉태한 마리아 아닙니까? 그 마리아가 예루살렘의 고학력 요조숙녀가 아니었습니다. 나사렛 빈민촌 출신입니다. 나사렛 가보신 분들은 아실 것입니다. 보통 갈릴리 하면 갈릴리 호수의 평지를 생각하는데 나사렛은 산골 동네입니다. 우리말로 산동네입니다. 2천 년 전이나 지금이나 산동네는 가난한 동네입니다.

그 동네에서 하나님과 눈을 맞추는 여자이기 때문에 하나님의 아들을 잉태할 거라고 가브리엘 천사가 말할 때 순종하는 것입니다. 왜입니까? 처녀로 잉태하면 돌에 맞아 죽습니다. 그 아무것도 없는 자연 속에서 하나님과 대면하던 여인이 아니면 돌에 맞아 죽을 짓을 자청하겠습니까?

열두 제자는 갈릴리 출신입니다. 그들이 살던 갈릴리는

이스라엘에서 제일 못살던 동네입니다. 또 갈릴리 호수가 있습니다. 그 호수 길이가 32킬로미터나 되니까 바다입니다. 이스라엘 사람들도 바다라고 불렀습니다. 바다도 빈 들입니다. 아무것도 없는 곳입니다. 제자들은 그런 곳 출신입니다.

사도 바울은 튀르키예(터키) 땅, 다소 출신입니다. 다소는 당시 동서 무역의 요충지로서 대도시였습니다. 바울의 아버지가 유대인인데 로마 시민권자였습니다. 그러니까 바울은 날 때부터 로마 시민권자로 태어났습니다. 부잣집 아들입니다. 예루살렘으로 유학했습니다. 예루살렘에서 유대교 지도자들로부터 인정받은 청년입니다. 그러니까 대도시에서 출생해서 대도시에서 생활을 했습니다.

그 사도 바울이 주님을 어디서 만났습니까? 예수 믿는 사람들 때려잡으려고 예루살렘에서 213킬로미터 떨어져 있는 다마스쿠스로 가던 길에서 주님을 만났습니다. 그 길이 빈 들입니다. 아무것도 없습니다. 황무지 길입니다. 그 황무지 길 213킬로미터를 걸어가려고 하면 하루에 30킬로미터를 걸어도 일주일을 걷습니다. 그 황무지 길을, 빈 들의 길을 일주일 걸어가다가 주님의 부르심을 받았습니다.

공통점이 있습니다. 주님께서 불러서 쓰시는 사람들은 전부 대도시 사람들이 아닙니다. 빈 들이나 들판, 자연 속에서 보이지 않는 하나님과 대면하고, 들리지 않는 하나님의 목소리에 귀가 열려 있는 것이 체화되어 있는 사람들을 불러내서서 쓰셨습니다. 그렇다면 어떻습니까? 단순 비교한다면 도시 사람들에 비해서 시골에서 사는 사람들의 믿음이 더 출중해야 되지 않겠습니까?

오늘 본문을 보십시다. 3절입니다.

요한이 요단 강 부근 각처에 와서 죄 사함을 받게 하는 회
개의 세례를 전파하니

광야에서 하나님의 말씀을 듣던 그 요한이 도시 사람들을 향해서 회개하라고 외쳤습니다. 도시에 있는 유대교 신자들이 '하나님은 이렇게 믿어야 하니까 시골 사람들아, 지방 사람들아 너희들 회개해'라고 한 것이 아닙니다.

빈 들에 있던 세례 요한이 예루살렘에 살던 도시 사람들을 향해서 "너희들 회개해"라고 외쳤습니다. 우연히 된 일이 아닙니다. 세례 요한이 빈 들에서 회개하라고 도시 사람

들을 향해서 외치기 600년 전에 이사야 선지자가 예언한 말을 본문 4절에서 6절이 이렇게 밝힙니다.

선지자 이사야의 책에 쓴 바 광야에서 외치는 자의 소리가 있어 이르되 너희는 주의 길을 준비하라 그의 오실 길을 곧게 하라 모든 골짜기가 메워지고 모든 산과 작은 산이 낮아지고 굽은 것이 곧아지고 험한 것이 평탄하여질 것이요 모든 육체가 하나님의 구원하심을 보리라 함과 같으니라

앞으로 메시아가 오시기 전에 그 길을 준비하고 사람들이 마음으로 회개해서 주님께로 돌아서게 할 길을 예비할 사람은 도시의 사람이 아니고 광야의 사람이라고 이미 600년 전에 이사야 선지자가 이야기했습니다. 왜 그렇습니까? 2,600년 전이나, 2천 년 전이나, 오늘날이나 눈에 보이는 것이 너무 많아서 하나님을 보지 못하는 도시 사람보다 눈에 보이는 것이 없어서 하나님을 볼 수 있는 자연 속의 사람들이 훨씬 하나님과 가까이 동행하기 때문입니다.

요한은 광야에서 밥도 제대로 못 먹고, 매일 햇볕에 타서

얼굴이 새카맣습니다. 거기다가 옷은 제대로 입었습니까? 낙타털을 둘렀습니다. 그리고 도시 사람들을 향해서 "너희들 회개해. 돌아서"라고 합니다. 도시 사람들이 보면 가관 아니겠습니까? 그런데 예루살렘 사람들이 가서 "그럼 우리가 어떻게 살까요" 물었습니다. 군인들이 "우리가 어떻게 살아야 합니까" 물었습니다.

아까 말씀드렸듯 당시 이스라엘에는 로마 제국 군인 6천 명이 주둔했습니다. 적어도 로마 제국의 군인이라고 하면 전부 다 권세자들입니다. 다른 사람의 생명을 좌지우지할 수 있는 사람들입니다. 그렇게 마음대로 살던 사람이 빈 들에서 하나님과 대면하던 세례 요한의 소리를 듣고 '우리가 어떻게 살아야 되느냐' 물었습니다.

세리들이 와서 "우리가 어떻게 살아야 합니까" 세례 요한에게 물었습니다. 세리들은 남의 재산을 좌지우지할 수 있는 사람들이었습니다. 당시 유대인들은 얼마나 세리들에게 당했는지 세리들을 인간으로 보지 않았습니다. 그 세리들이 양심의 가책을 받고 '우리가 어떻게 살아야 합니까' 묻습니다. 옷 두 벌 입는 사람들이 세례 요한을 찾아와서 '우리 어떻게 살아야 합니까' 묻습니다.

2천 년 전에는 옷이 재산이었습니다. 성경에 옷이 나올 때 지금 옷을 생각하시면 안 됩니다. 지금은 옷을 쉽게 구입할 수 있지만 2천 년 전에 옷은 전당물이었습니다. 어떤 사람들은 성인이 되어서 평생 한 벌만 입고 살았습니다. 그러니까 옷 두 벌 있다는 것은 부자의 상징입니다. 재물을 인생의 절대 목적으로 삼고 있던 그 사람들이 빈 들의 소리를 듣고 요한을 찾아와서 '우리가 어떻게 살아야 합니까' 물었습니다. 모세, 다윗, 엘리야, 엘리사, 아모스 다 자연 출신 사람들입니다. 그 사람들이 도시 사람들을 꾸짖었습니다. "회개하라. 돌아서라."

예수님은 나사렛 달동네에서 성장하셨습니다. 아무것도 없는 황무지 같은 갈릴리에서 사셨습니다. 그리고 광야에서 40일을 금식하시고 사탄의 유혹을 이기셨습니다. 그 광야의 예수님이 도시의 종교 지도자들을 향해서 "독사의 자식들아" 했습니다. 회개하라고 했습니다.

여러분은 지금 고흥반도 과역면에 살고 있습니다. 도시에 비하면 여기는 자연 속입니다. 그렇다면 지금까지 말씀드린 결론으로 사고하자면 여러분의 믿음이 도시 사람들보다 더 출중해야 되지 않겠습니까? 시골 사람들이 도시 목회자 세미나, 성경 공부 세미나 찾아다니는 것이 아니라 도시에 있는 목사들이 시골 교회에 와서 영성을 배우고, 도시에 있는 교인들이 시골 교회 그리스도인들의 삶의 모습을 보고 배워야 되지 않겠습니까? 도시 그리스도인들이 여러분을 찾아와서 '우리가 어떻게 살아야 합니까', '우리의 과욕이 초래한 이 미증유의 코로나19 사태 속에서 이제부터 우리 어떻게 살아야 되겠습니까' 여러분에게 물어야 되지 않겠습니까?

그런데 여러분들이 몸은 자연 속에 살고 있는데 마음 속에 도시가 가득 차 있다면 이 자연 속에 여러분의 몸이 60년, 70년을 산들 보이지 않는 하나님이 보이겠습니까? 하나님의 말씀이 들리겠습니까?

반대로, 불야성을 이루어서 하나님을 보기 어려운 도시에 사는 사람이라 할지라도, 몸은 비록 도시 한 중심에 있을지라도 그 심령이 빈 들이면 그분은 도시 속에서 하나님을 보고 하나님의 음성을 듣지 않겠습니까?

그러나 더 하나님을 대면하기 쉬운 곳은 자연입니다. 여러분이어야 합니다. 보이는 빌딩이 없고 눈을 현혹시키는 네온사인이 없는 이 자연 속에서, 보이지 않는 하나님에게 지금부터 시선을 고정시키십시오. 하나님의 말씀에 귀를 열고 사십시오. 여러분 한 사람 한 사람이 모세가 되고 다윗이 되고 마리아가 되고 사도 바울이 되십시오.

이곳 이름이 '과역' 아닙니까. 지나갈 '과過' 자에 역, 정거장 '역驛' 자를 쓰지 않습니까. 여러분들이 정말 세례 요한과 같은 빈 들의 사람이 되어서 바른 영성의 우물을 계속 깊이 파 간다면 이 과역을 지나가는 모든 사람들이 주님 앞에서 바로 서는 생명의 역사가 일어나지 않겠습니까? 오늘이 그 첫날이 되기를 주님의 이름으로 축원합니다. 기도하겠습니다.

———

주님, 과역면 사랑하는 믿음의 형제자매들과 주님의 말씀을 깊이 나누었습니다. 빈 들에 사는 사람들이, 자연 속에 사는 사람들이 하나님에게 더 밝은 눈을 갖고 하나님의 말씀에 더 열린 귀를 갖고 있음을 저희들이 알았습니다. 주님께서 주님의 섭리하심 속에서 이분들을 자연 속에 살게 해주신 것을 진심으로 감사드립니다. 행여 자연 속에 살면서 그 마음속에 도시를 품고 사느라 오히려 이 자연이 불평과 원망의 대상이 되는 어리석음을 범치 말게 해주시고, 이 자연 속에서 매일 보이지 않는 하나님과 시선을 마주치고, 하나님의 음성에 귀를 열고, 삶으로 도시 사람들을 향해, 이 세상을 향해, 간절한 마음으로 회개하라고, 그렇게 살면 안 된다고, 주께 돌아오라고 외치는 이 시대의 세례 요한, 선지자들이 되게 하여 주옵소서. 그리하여 이 과역중앙교회가 쓰러져가는 한국 교회를 새롭게 소생시키는 새로운 영성의 진원지가 되게 하여 주시옵소서. 예수님의 이름으로 기도드립니다. 아멘.

자연 그리고 믿음 2

25 그러므로 내가 너희에게 이르노니 목숨을 위하여 무엇을 먹을까 무엇을 마실까 몸을 위하여 무엇을 입을까 염려하지 말라 목숨이 음식보다 중하지 아니하며 몸이 의복보다 중하지 아니하냐 **26** 공중의 새를 보라 심지도 않고 거두지도 않고 창고에 모아들이지도 아니하되 너희 하늘 아버지께서 기르시나니 너희는 이것들보다 귀하지 아니하냐 **27** 너희 중에 누가 염려함으로 그 키를 한 자라도 더할 수 있겠느냐 **28** 또 너희가 어찌 의복을 위하여 염려하느냐 들의 백합화가 어떻게 자라는가 생각하여 보라 수고도 아니하고 길쌈도 아니하느니라 **29** 그러나 내가 너희에게 말하노니 솔로몬의 모든 영광으로도 입은 것이 이 꽃 하나만 같지 못하였느니라 **30** 오늘 있다가 내일 아궁이에 던져지는 들풀도 하나님이 이렇게 입히시거든 하물며 너희일까보냐 믿음이 작은 자들아

마태복음 6장 25-30절

자연은 곧 하나님의 말씀이자 하나님의 법칙이고 또 하나님의 말씀에 대한 주석이기도 합니다. 이 세상에 살고 있는 인간 중에 누가 하나님 나라에 가본 사람이 있습니까? 천국을 가본 적이 없는 사람이 어떻게 천국을 알겠습니까?

천국을 가본 적도 없는 이 세상 사람들에게 천국을 설명해 주시기 위해서 주님께서 자연을 주석으로 삼으셨습니다. 그 유명한 씨 뿌리는 자의 비유입니다. 팔레스타인 농부가 불어오는 바람에 씨를 흩날렸습니다. 그랬더니 어떤 씨는 길가에 떨어졌는데 새들이 와서 먹어버렸고, 어떤 씨는 돌짝밭에 떨어졌는데 뿌리를 내리는 듯하다가 태양이 나니까 타버렸고, 어떤 씨는 가시떨기에 떨어졌는데 가시떨기의 기운이 막아버렸고, 오직 옥토에 떨어진 씨만 30배, 60배, 100배 결실을 맺었습니다. 그러므로 말씀이 그 삶 속에서 30배, 60배, 100배의 삶의 결실로 맺어지는 바로 그 사람은 하나님 나라에서 살고 있는 사람과 같다고 말씀하셨습니다.

당시 예루살렘에 있는 사람들은 이 말을 알아듣기가 어려웠을지 모릅니다. 그러나 갈릴리 자연 속에서 살던 사람들은 누구나 이 말을 알아들을 수 있었습니다. 길가, 그냥 있는 것입니다. 돌짝밭, 이것도 그냥 있는 것입니다. 가시떨기, 그냥 있는 겁니다. 그런데 옥토는 가만히 둔다고 옥토가 되겠습니까? 옥토는 절대로 그냥 되지 않습니다. 30배, 60배, 100배의 결실을 거두는 옥토는 반드시 갈아엎어지는 과정을 거친 것입니다.

농부가 흙을 갈아엎고, 그 속에 있는 돌을 제거하고, 그 속에 박혀 있는 나무 뿌리를 전부 다 뽑아서 버립니다. 그 땅에서만 씨가 30배, 60배, 100배 결실을 합니다. 농부들은 금방 알아듣습니다. '아, 내 마음속에 하나님 나라를 품고 내가 천국 사람으로 이 땅에서 살기 위해서는 내 마음이 뒤집어지지 않으면 안 되겠구나. 하나님 말씀을 들으면서도 길가, 돌짝밭처럼 내 마음을 내가 붙잡고 있어서는 안 되는구나. 자기 부인이 있어야 되는구나.' 금방 알아듣는 겁니다. 그래서 주님께서는 씨 뿌리는 자, 이 자연 현상을 통해서 누가 이 땅에서 하나님을 모시고 살아갈 수 있는가를 쉽게 설명해 주셨습니다.

또 계속해서 천국을 이야기하시면서 가라지 비유를 말씀하시지 않습니까? 어떤 농부가 밭에 좋은 곡식을 심었는데 밤중에 악한 사람이 와서 가라지를 심었습니다. 그 팔레스타인은 곡식과 가라지가 처음에는 잘 구별이 안 되나 봅니다. 그래서 추수할 때가 가까워질 즈음까지 있다가 이게 나중에 발견이 된 것입니다. '이거 악한 사람이 가라지를 뿌렸구나.' 그래서 일하는 사람이 주인에게 '가라지 이거 다 벨까요?' 물었습니다. '아니야. 지금 상태에서 가라지를 베다가는 알곡까지도 상할 수 있으니까 내버려둬라. 그러나 추수하는 날, 알곡은 모아서 창고에 거둬들이고 가라지는 불태울 것이다.' 농부라면 다 아는 얘기입니다. '아, 천국에는 심판이 있구나. 내가 밭을 갈고 먹거리를 심고 키우면서 해로운 것들을 다 뽑아서 버리듯이 하나님 나라에도 반드시 심판이 있구나.' 금방 알아듣는 겁니다.

그분의 텍스트, 자연

하나님을 믿는다고 하면서 사람들에게 제일 큰 영역, 제일 큰 관심사는 항상 먹고사는 것입니다. 못 먹고 못 입어서가 아니라 실은 더 잘 먹고 더 잘 입고 더 잘 살기 위한 염려가 참 많습니다. 그 사람들에게도 주님께서는 자연을 텍스트로 이야기해 주셨습니다. 그게 바로 오늘 본문입니다. 25절입니다.

그러므로 내가 너희에게 이르노니 목숨을 위하여 무엇을 먹을까 무엇을 마실까 몸을 위하여 무엇을 입을까 염려하지 말라 목숨이 음식보다 중하지 아니하며 몸이 의복보다 중하지 아니하냐

여러분, 우리 목숨이 중합니까 음식이 중합니까? 당연히 목숨이 중합니다. 우리 몸이 중합니까 이 옷이 중합니까? 당연히 몸이 중요합니다. 그런데 하나님을 믿는 사람들이 하나님 앞에서 내 목숨을 어떻게 바르게 가꿀까, 내 몸이 어떻게 진리의 병기로 사용될 수 있게 할까 고민하지 않습니다. 어떻게 좀더 잘 먹고 많이 쌓고, 좀더 잘 입고 좀 넓은 집에서 살까 그것 때문에 염려합니다.

26절입니다.

공중의 새를 보라 심지도 않고 거두지도 않고 창고에 모아들이지도 아니하되 너희 하늘 아버지께서 기르시나니 너희는 이것들보다 귀하지 아니하냐

주님께서 그 목숨보다 음식을, 몸보다 옷을 더 귀하게 여

기는 사람들에게 말씀하십니다. '애들아, 저 새 좀 보아라. 저 새가 너희들처럼 씨 뿌리냐? 저 새가 추수를 하냐? 저 새가 창고에 곡식을 쌓아두느냐? 아니지 않으냐. 그런데 하나님께서 시마다 때마다 참마다 다 먹이지 않느냐. 너희는 저 새보다 하나님께 더 중하지 않겠느냐.'

27절입니다.

너희 중에 염려함으로 그 키를 한 자라도 더할 수 있겠느냐

정작 걱정할 것은 키가 아니지 않습니까. 정작 염려할 것은 내 키가 몇 미터이든 이 몸이 살아 있는 동안에 어떻게 하나님의 통로로 살아갈 것인가 이것이 중요한데 사람들에게는 키가 몇 미터인가가 더 중요하단 말입니다.

28절입니다.

또 너희가 어찌 의복을 위하여 염려하느냐 들의 백합화가 어떻게 자라는가 생각하여 보라 수고도 아니하고 길쌈도 아니하느니라 그러나 내가 너희에게 말하노니 솔로몬의 모든 영광으로도 입은 것이 이 꽃 하나만 같지 못하였

느니라

이 구절을 보면 선뜻 납득하기 어려운 것이 있습니다. 우
리나라에서 백합화는 귀한 꽃입니다. 백합화는 오늘 있다
가 내일 아궁이에 안 던져집니다. 정말 품위 있게 생긴 꽃
이기 때문입니다. 고귀합니다. 그래서 화병에 넣으면 시들
때까지 물 주고 그대로 간직하지 않습니까? 그런데 주님께
서 오늘 있다가 내일 아궁이에 던져질 풀을 얘기하시면서
그렇게 고결한 백합 얘기를 하셨는지 한글 성경을 보면 이
해가 안 됩니다. 여기서 백합화는 헬라말로 '크리논κρίνον'
이라고 하는데 이 크리논은 우리나라의 백합화가 아닙니
다. 거기에서 말하는 백합화는 지천에 피어 있는 빨간 들풀
입니다. 그러니까 백합화처럼 안방 장식품이 아니고 꺾어
가지도 않습니다. 우리나라로 따지면 민들레입니다. 봄에
민들레를 꺾어다가 안방 꽃병에 꽂아두는 사람이 있습니
까? 거의 없습니다. 왜입니까? 민들레는 지천에 피어 있기
때문입니다. 바로 그 꽃을 이야기하는 겁니다.
 '저 지천에 피어 있는 백합화, 저 민들레 좀 봐라. 저 민들
레가 수고하고 길쌈하니? 사람들이 뽑고, 뽑고, 뽑지 않니?

그런데 저 아름다운 자태를 한 번 봐라. 솔로몬의 옷이 못 당한다.'

여러분, 솔로몬은 그야말로 부귀영화의 대명사인데 그 솔로몬이 왕궁에서 입었던 옷은 그야말로 금으로 수놓았을 것이고, 얼마나 화려했겠습니까? 이 들풀을 솔로몬의 옷과 견줄 수가 있겠습니까?

제가 낙향한 이후에 1년 동안 무척 바빴습니다. 그래서 봄이 되었는데도 그 봄을 피부로 느끼지를 못했습니다. 그런데 올해(2020년) 코로나19가 터져서 3월 달부터 모든 스케줄이 다 취소가 되고 3, 4, 5, 이렇게 3개월 동안 집에서 모처럼 쉬게 되었습니다.

마당에 들풀이 있습니다. 예전에 서울에서도 그런 들풀을 많이 보았습니다. 그런데 분명히 겨울에는 아무것도 없던 땅이었는데 그냥 여기저기 들풀이 솟아나 있습니다. 온 천지에 생명이 충만한 겁니다. 내가 그 생명 한가운데 서 있는 겁니다. 어느 날 하늘에서 햇빛이 그 들풀, 그 잡초들에 비쳤습니다. 그 풀들이 햇빛을 반사하는데 그 색이 얼마나 황홀한지 주님의 말씀이 그냥 들리는 겁니다. '오늘 있다가 내일 아궁이에 던져지는 들풀도 이렇게 눈부시게 하나님의 빛으로 치장시켜 주시거늘 하물며 재철아 너일까보냐.' 그러니까 주님에게 있어서는 이 모든 자연이 당신의 말씀이고 주석인 것입니다.

매일매일 하나님을 믿는다고 하면서도 일상의 염려에 갇혀 있는 사람들에게 말씀하십니다. '너희들 좀 생각해 봐라. 카타만다노, 깊이 생각해 봐라. 자연 속에 그냥 살지만 말고 이 자연 속에서 깊이 생각해 봐라. 하나님께서 너희들을 얼마나 사랑하시고, 너희들을 어떻게 기르시고, 너희들을 어떻게 책임져 주시고, 너희들에게 무엇을 말씀하시는지 매일 깊이 심사숙고해 봐라.'

주님께서 여러 차례 귀 있는 자는 들으라고 말씀하시지 않습니까. 세상에 귀 없는 사람이 있습니까? 그런데도 귀 있는 자가 들으라고 말씀하십니다. 열린 귀를 가지라는 말입니다. 자연 속에서 열린 눈과 열린 귀를 가지면 하루하루가 감격입니다. 1년 7개월 동안 낙향해서 살면서 자연 속에서 제 자신이 누렸던 하나님의 은혜를 이 시간에 몇 가지 나누어 보겠습니다.

제 처가 도시에서 한 번도 해본 적이 없는 텃밭을 낙향해서 가꾸어 왔습니다. 그래서 작년에 토마토, 가지, 양배추, 브로콜리 전부 다 텃밭에서 난 걸 먹었습니다. 제가 '참 당신 수고 많았다'고 그랬더니 제 처가 이렇게 얘기를 합니다. '나는 별로 수고한 것이 없고 그저 크게 한 일이 있다면 물 주는 것밖에 없다. 물이 다 했다. 물만 줬는데 텃밭에서 토마토가 올라오더라. 가지가 올라오더라.' 제가 그 얘기를 들었는데 그다음 날부터 컵에 담긴 물을 보면 그 컵 속에 토마토가 있는 겁니다. 그 컵 속에 가지가 있는 겁니다. 그 컵 속에 양배추가 있습니다. 그 이후로 하늘에서 비가 떨어집니다. 하늘에서 토마토가 떨어집니다. 하늘에서 가지가 떨어집니다. 하늘에서 브로콜리가 떨어지는 겁니다. 도시에서는 한 번도 느낀 적이 없습니다.

매일 하늘에서

이스라엘 백성들이 40년 동안 광야 생활을 하는데 매일 하늘에서 만나가 떨어집니다. 오늘날은 하나님께서 우리에게 그 생명의 만나를 안 주십니까? 하늘에서 비가 안 내리면 땅에서 어떻게 먹거리가 생성됩니까? 하나님께서 다 비로 내려주시는 겁니다. 토마토도 수박도 하늘에서 땅을 향해 소낙비처럼 쏟아 부어 주시는 겁니다. 하늘을 보면 매일매일 하나님의 은혜가 쏟아집니다.

사도 바울이 평생 돈을 벌었습니까, 한 평 땅이 있었습니까, 적금이 있었습니까. 아무것도 없었습니다. 그런데 사도 바울이 고린도전서 15장 10절에서 "내가 나 된 것은 하나님의 은혜로 된 것이다"라고 합니다. 오늘도 매일매일 하늘에서 하나님께서 떨어뜨려 주시는 하나님의 은혜 속에서 내가 숨 쉬고 살아갑니다. 그 하나님의 은혜를 보고 살아가면 범사에 감사하지 않을 게 어디 있겠습니까. 하늘에서 토마토가 떨어지니 말입니다.

제가 오늘 아침에 이 예배와 집회를 위해서 교회에서 마련해 주신 숙소에서 자고 일어나서 옷을 입고 머리를 빗었습니다. 제가 머리숱이 굉장히 많았습니다. 얼마나 숱이 많은지 샤워를 하고 나서 제일 시간이 많이 걸리는 일이 머리 말리는 겁니다. 그런데 심한 류머티즘에 걸려서 약 3년 정도 독한 약을 먹고 있으니까 머리가 많이 빠졌습니다. 예전에 한 4분의 1도 안 되는 것 같습니다. 그래서 제가 아침에 제 처 보고 '이렇게 머리가 빠지고 나니까 드라이 안 해도 되니 참 편하다' 그랬습니다. 그랬더니 제 처가 '진짜 범사에 감사하지 않을 일이 없다'고 합니다. 여러분, 눈을 들어서 하늘을 쳐다보십시오. 지금도 은혜가 쏟아지고 있습니다.

제가 이제 낙향해서 첫해 봄을 맞기 위해 겨울에 마당 뒤 대나무 밭의 덤불을 다 잘랐습니다. 미리 봄을 준비해 주려고 했습니다. 말라 죽은 것 같은 건 다 잘랐습니다. 잘랐는데 그 대나무가 긴 가지인데 가시가 나 있습니다. 그래서 그것도 낫으로 자르려고 하다가 도대체 이 가시가 뭔지, 잎이 나면 뭔지 한번 알아나 보자 싶어서 남겨뒀습니다. 그랬더니 조금 있으니까 거기에서 잎이 나고 또 조금 더 있으니까 하얀 꽃이 핍니다. 무슨 꽃인지 알 리가 없습니다. 동네 사람들한테 물었더니 그 유명한 찔레꽃입니다. 얼마나 마당에 운치를 더해 주는지요! 그게 찔레꽃인 줄 모르고 다 낫질을 해버렸으면 그 찔레꽃을 즐길 수 있는 기회를 스스로 박탈해버리는 어리석은 짓이 될 뻔한 겁니다.

여러분, 예수님께서 말씀하십니다. '나무는 열매를 보고 안다.' 잎이 나야 압니다. 마태복음 7장 15절 18절입니다.

거짓 선지자들을 삼가라 양의 옷을 입고 너희에게 나오나 속에는 노략질하는 이리라 그들의 열매로 그들을 알지니 가시나무에서 포도를 또는 엉겅퀴에서 무화과를 따겠느냐 이와 같이 좋은 나무마다 아름다운 열매를 맺고 못된 나무가 나쁜 열매를 맺나니 좋은 나무가 나쁜 열매를 맺을 수 없고 못된 나무가 아름다운 열매를 맺을 수 없느니라

잎이 다 떨어지면 시골 사는 분들도 무슨 나무인지 잘 모르는 나무들이 있습니다. 그러나 잎이 나고 열매가 맺히면 어떤 나무인지를 알게 됩니다. 그러면 그걸 볼 때마다 그 나무 앞에서 자신을 비추어 봐야 되지 않겠습니까? '나는 지금 무슨 열매를 맺고 있는가. 나는 잎만 무성한 거 아닌가.'

저희 마당이 조금 넓은데 어떤 분이 주셔서 마당 주위에 측백나무를 심었습니다. 그 나무를 심어주신 분이 '매일 아침저녁으로 물을 주라'는 겁니다. 한 나무당 몇 분씩 충분하게 물을 주라는 겁니다. 그분이 시키는 대로 측백나무마다 몇 분씩 주니까 아침에 한 시간, 저녁에 한 시간, 하루에 딱 두 시간이 없어집니다. 제가 매일 집에 있는 것도 아닙니다. '아니, 내가 지금부터 죽을 때까지 하루에 두 시간씩 이러고 살아야 되나?' 집 마무리 공사를 하면서 조경 전문가가 왔습니다. 그래서 그분한테 물었습니다. '매일 아침저녁으로

물 주다 보니까 하루에 2시간이 걸리는데 내가 여생을 이러고 살아야 되는지 모르겠다. 이게 맞냐?' 물었더니 그분이 측백나무를 가리키면서 이렇게 얘기를 합니다. '쟤들이 언제까지 사람 손을 빌게 하렵니까?' 망치로 한 대 맞았습니다. 내버려 두라는 겁니다. '저 산에 나무들 보세요. 사람이 물 줍니까? 안 주지 않습니까. 선생님이 지금부터 매일 물을 주면 얘들은 매일 물 줘야 자랍니다. 근데 선생님이 지금 물 안 주면 얘들이 시들어 죽는 것 같아도 자생합니다. 사람 손을 빌리지 않고 자라게 해줘야 얘들도 건강하게 자라고 사람도 편합니다. 사람 손을 빌리게 하면 평생 그렇게 해야 됩니다.' 그래서 그 이후에 물 안 줍니다. 안 죽었습니다.

여러분, 그리스도인이 된다는 것은 이웃과 더불어 공생하는 것이지 않습니까? 공생의 대전제가 자립입니다. 자립, 자생하는 사람만 공생할 수 있습니다. 측백나무가 자생하지 못하면 평생 사람의 손에 기생해서 물을 줘야 삽니다. 자생하지 못하는 사람은 평생을 누구에겐가 기생하며 살아가는 사람입니다.

이스라엘 백성들이 이집트에서 가지고 나온 먹거리가 다 떨어졌을 때 하나님께서 하늘에서 만나를 내려주시지 않습니까? 그냥 가만히 있어도 내려오는 만나입니다. 하나님께서 그들에게 약속하셨습니다. '너희들은 지금부터 약속의 땅, 언약의 땅으로 가야 한다. 그 땅은 젖과 꿀이 흐르는 땅이다.' 아무것도 없는 광야에서 가만히 있어도 만나를 내려주셨다면 그저 자고 일어나서 입만 벌리고 있으면 꿀도 흐르고, 우유도 흐르는 땅이어야 하지 않겠습니까? 그런데 이스라엘 백성이 가나안 땅에 들어가서 그 땅의 소산을 먹은 그다음 날의 일을 여호수아 5장 12절이 이렇게 증언합니다.

또 그 땅의 소산물을 먹은 다음 날에 만나가 그쳤으니 이스라엘 사람들이 다시는 만나를 얻지 못하였고 그 해에 가나안 땅의 소출을 먹었더라

하늘에서 떨어지던 만나는 가나안 땅에 들어가서 그 땅의 소산을 먹은 다음 날부터 중단되었습니다. 그다음부터는 뭘 해야 합니까? 수고하고 땀 흘리고 애쓴 결과로 땅에서 나오는 소산물을 먹어야 합니다. 그러나 그건 내 노력만으로는 안 됩니다. 이른 비, 늦은 비를 통해 하나님께서 위

에서 먹거리를 내려주십니다. 차이가 있다면 광야에서는 내 수고가 없어도 됐던 것이고 언약의 땅은 내 수고가 덧붙여져야 되는 것입니다.

여러분, 우리가 언약의 사람이 되는 것, 약속의 땅으로 내 삶의 터전을 일구어 가는 것은 가만히 앉아서 떨어지는 걸 먹는 사람이 되는 것이 아닙니다. 스스로 수고하고 애써서, 하나님께서 내려주시는 은혜로 결실하는 자립인이 되는 겁니다. 그 자립인이 주위 사람들과 더불어 공생하는 것입니다. 물을 주지 않았는데도 늠름하게 서 있는 나무들, 대자연을 볼 때마다 나는 어떻게 살고 있는가 자신을 반추해보는 영적 거울로 삼아야 되지 않겠습니까?

쓸모 없는 지식들

제가 학교를 졸업하고 외국인 회사에 있었고, 제 사업도 하고, 해외여행하기 어려울 때 해외여행도 많이 했습니다. 그래서 제가 오십이 될 때까지는 아는 게 좀 있다고 생각했습니다. 그런데 오십이 넘어서 육십이 되면서부터 '난 참 모르는 게 많다', '난 정말 깡통이네' 이런 생각이 더 짙게 들었습니다. 그러다가 거창으로 낙향하고 나니까 '나는 모르는

게 맞네', 이게 아니라 '나는 무식뿐이네'입니다. 아는 풀 이름이 없으니, 아는 꽃 이름이 없으니 아무것도 모릅니다.

이청준 선생이 쓴 소설 중에 〈여름의 추상〉이 있습니다. 이청준 선생은 장흥 출신입니다. 그 장흥 출신이 광주로 가서 광주일고를 나오고 서울대로 진학했는데 그 장흥 동네에서 광주일고 들어간 제1호입니다. 동네 사람들은 광주일고 갔으니까 서울 법대 갈 거라고 생각했습니다. 판검사 돼서 오면 좋겠다 그랬는데 이분이 광주일고를 나오고 서울대 독문과를 갔습니다. 그러니까 동네 사람들이 '아, 저 바보, 저 머리 좋은 천재가 성적은 법대 들어가도 되는데' 했습니다. 이청준 선생이 소설가가 됐습니다. 고향에 가서 일자무식, 낫 놓고 기역 자도 모르는 어머니하고 생활하면서 쓴 내용이 이 소설에 나옵니다. 어머니가 호미질을 하면서 이야기해 주는 겁니다. '야, 청준아. 이 풀은 먹으면 죽는다. 이 풀은 어디어디에 좋다.' 어머니 앞에서 자기가 무식뿐입니다. 아는 게 없습니다. 명색이 서울대학교 나왔는데 자기가 아는 것은 생명과는 아무런 관련 없는 지식에 불과하고, 어머니는 죽고 사는 지혜로 충만한 겁니다. 거창에 갔을 때 제 심정이 딱 그랬습니다.

하나님께서 욥을 훈련시키지 않습니까? 욥이 온갖 환란을 당했습니다. '하나님, 나 의롭지 않습니까? 내가 그동안 바르게 살지 않았습니까? 그런데 왜 이러십니까?' 욥에게 그런 중심이 있었습니다. 욥기 38장부터 마지막 장인 41장까지 네 장에 걸쳐서 하나님께서 욥에게 '너, 이거 아니? 이거 아니? 이거 아니?' 질문을 하십니다. 욥기 38장 3절에서 6절만 제가 읽어보겠습니다.

너는 대장부처럼 허리를 묶고 내가 너에게 묻는 것을 대답할지니라 내가 땅의 기초를 놓을 때에 네가 어디 있었느냐 네가 깨달아 알았거든 말할지니라 누가 그것의 도량법을 정하였는지, 누가 그 줄을 그것의 위에 띄웠는지 네가 아느냐 그것의 주추는 무엇 위에 세웠으며 그 모퉁잇돌을 누가 놓았느냐

'네가 잘났다고 하는데 말해 봐. 너 뭐 아냐? 아는 거 얘기해 봐.' 욥이 하나도 아는 것이 없었습니다. 여러분은 풀들은 잘 아시는지 모르겠습니다. 그런데 저 나로 우주센터에서 로켓이 어떻게 올라가는지 아십니까? 안다는 건

내가 그동안 살아온 내 삶의 반경 속에 지극히 일부분입니다. 끝도 없이 펼쳐진 이 우주에 비하면 티끌 하나도 안 됩니다. 우리는 모르는 사람들입니다. 하나님 앞에서 '주님, 저는 모릅니다' 하면서 겸손해져야 합니다. 그때 주님께서 우리를 쓰십니다.

잡초 제거에는 완결이 없습니다. 앞마당에 잡초가 올라오는데 여리고 여린 잎이 올라오는 게 예쁩니다. 그걸 뜯으려니 좀 잔인한 것 같았습니다. 그래서 우리 집사람하고 잡초의 그 여린 순들을 감상하고 즐겼습니다. 그러다 보니까 어느덧 잡초 천지가 돼버렸습니다. 뽑아도 뽑아도 뽑아도 나옵니다. 어느 분이 그렇게 표현을 했습니다. '비 오는 날 뽑고 돌아보면 또 나 있다.' 딱 그렇습니다.

잡초만 그렇습니까? 우리 마음속 죄성의 잡초는 어떻습니까? 주님 만나서 성령 체험하고 '주님을 내 주인으로 모십니다' 한 번 결단하면 뿌리째 다 뽑혀집니까? 아닙니다. 매일 뽑아도 뽑아도 나는 잡초를 볼 때 우리 자신을 봐야 합니다. 사도 바울이 무엇이라 합니까?

고린도전서 15장 31절입니다.

형제들아 내가 그리스도 예수 우리 주 안에서 가진 바 너
희에 대한 나의 자랑을 두고 단언하노니

바울이 지금 예수 그리스도 안에서 자랑할 게 있습니다.
사도 바울에게 자랑할 게 얼마나 많겠습니까? 주님을 위해
서 지중해 세계를 세 번이나 목숨을 걸고 누볐는데 말입니
다. 그런데 "나의 자랑을 두고 단언하노니 나는 날마다 죽
노라"라고 합니다. 바울은 날마다 죽었습니다. 날마다 안
죽으면 죄성의 잡초가 날마다 올라옵니다. 날마다 나를 쳐
서 이겼습니다. 그거 안 하면 세상 사람하고 똑같은 겁니
다. 저기에 나는 저 숱한 잡초들이 아무 의미 없이 아궁이
에 던져지는 것 같으면 하나님께서 만드시지 말았어야 했
겠습니까? 아닙니다. 저 잡초는 우리의 영적 가정교사입니
다. 저 잡초는 고개를 들 때마다 '너를 쳐서 죽여. 너를 쳐
서 죽여' 훈계하는 것입니다. 여러분들이 하시는 일에 비하
면 아무것도 아니지만 제 나름대로 집에 있을 때 잡초를 뽑
으면 참 허리가 아프고 허벅지도 아프곤 합니다. 그런데 잡
초를 뽑다가 허리가 아파서 고개를 들면 하늘은 늘 그 자리
에 있습니다. 한 번도 똑같은 하늘이 아닙니다. 매일 새 하

늘입니다. 구름이 없이 새파란 창공이라도 단 한 번도 같은 색깔이 없습니다. 그 파란색도 매일 달라집니다. 내가 고개를 들 때마다 하늘은 매일 그 자리에서 나를 품어주는데 매일 새로운 모습으로 품어줍니다. 언제나 푸근하게 나를 안아주는 그 새 하늘을 고개를 들어서 볼 때마다 누가복음 15장 탕자의 아버지를 봅니다.

그 아버지의 둘째 아들이 마치 아버지 재산을 자기 수고로 일군 것처럼 절반 내놔라 그럽니다. 자기 권리인 겁니다. 아버지가 그 재산을 줍니다. 이 둘째 아들이 나가서 허랑방탕하게 살면서 그 재산 다 날리지 않습니까? 그 아버지가 자기 재산 절반을 떼줄 때 이 아들이 나처럼 사업가 디앤에이가 있어서 이 재산을 한 열 배 정도 불릴 거라고 생각하고 떼주었겠습니까? 아닙니다.

아버지는 알았습니다. 이 아들이 재산을 들고 나가면 반드시 허랑방탕하다가 거지가 되어서 올 줄 알았습니다. 그 증거가 어디에 있습니까? 이 아들이 허랑방탕하게 살다가 재산 다 날리고 흉년이 들어서 돼지를 치는데 돼지가 먹는 쥐엄열매를 먹으려고 해도 그것마저 모자라서 못 먹습니다. '우리 아버지 집에는 배불리 먹는 품꾼이 얼마나 많은

데 나는 아버지를 떠나서 이렇게 배곯고 있구나. 가서 품꾼이 될지라도 아버지 집으로 돌아가자.' 그리고 아버지 집을 찾아갑니다. 그런데 동네 어귀에서 아버지가 아들을 기다리고 있습니다. 그 아버지는 되돌아올 줄 알고 매일 아들을 기다리고 있었던 겁니다.

성경을 보면 저 마을 입구에 아버지가 있고 거지가 된 아들이 오는데 그 거리가 멀었다고 합니다. 둘 중 한 사람이 상대를 먼저 알아본다면 상식적으로 누가 먼저 알아봐야 되겠습니까? 거지 아들이 아버지를 먼저 알아봐야 됩니다. 왜냐하면 이 아들이 나갈 때는 좋은 옷 입고 나가지 않았습니까? 풍채도 좋지 않았습니까? 근데 지금은 못 먹어서 피골이 상접합니다. 얼굴이 바뀐 겁니다. 옷은 거지 옷입니다. 그러니까 이 부자 아들은 자기 몰골은 바뀌었어도 여전히 풍채 좋은 아버지를 멀리서 보고 알았어야 되는 겁니다. 그런데 이 아들은 아버지를 못 알아봤습니다.

아버지 입장에서 보면 거지 몰골로 오는 아들을 먼저 알아볼 수가 없습니다. 그런데 아직도 거리가 먼데 아버지가 먼저 보고 아들을 알았습니다. 거지 옷을 입고 오는데 그 걸음걸이만 보고도 자기 아들인 줄 알았습니다. 왜입니까?

그 아들이 그렇게 돌아오는 날을 매일 기다렸기 때문입니다. 그리고 '봐라. 꼴좋다. 너 나갈 때부터 이럴 줄 알았어'라고 안 그랬습니다. 뛰어가서 끌어안고 목을 어긋 맡기고 '잘 왔다! 잘 왔다!' 이랬습니다.

하늘을 볼 때마다 그 아버지가 보입니다. 제가 허랑방탕했을 때 그 하나님 아버지가 제 아내를 통해서 저를 건져주셨습니다. 저를 안아주셨습니다. 늘 그 자리에 계십니다. 그렇기 때문에 또 방탕해도 됩니까? 아닙니다. 그분의 사랑에 빚진 자로서 그분에게 충성하면서 살게 되는 것입니다.

음이 되는 사람들

우리말에 여름에 숲이 무성한 것을 '녹음'이라고 합니다. '녹음이 우거졌다' 이렇게 표현을 합니다. '녹' 자는 푸를 '녹綠'자고 '음' 자는 그늘 '음陰' 자입니다. 저는 도시에서 태어나서 70년을 살면서 한 번도 녹음을 보면서 '음'을 생각해본 적이 없습니다. 항상 '녹'만 보는 거죠. 아마 대부분 사람들이 그럴 것입니다. 옛날 사람들이 저 무성한 숲을 표현할 때 풍성한 '풍豐' 자를 써서 '풍녹'이든지 '녹풍'이든지 할 수 있는데 왜 그늘 '음' 자를 집어넣었을까 의구심을 품어

본 적이 있습니다.

전라북도 진안군에 가면 천반산이 있습니다. 대부분의 산들이 세모꼴로 생겼는데 천반산은 2킬로미터 정도 되는 성벽 울타리처럼 펼쳐져 있습니다. 그러니까 경사면이 보통 산보다 훨씬 가파릅니다. 거의 직각에 가깝습니다. 그 천반산을 보는데 마치 무대 위에 스포트라이트가 떨어지듯이 햇빛이 천반산을 45도 각도로 쫙 비췄습니다. 그날 음을 처음 봤습니다. 초록색 나무들 밑에 새카만 음이 있는데 '녹음', '음'이 있어서 초록이 살아나는 겁니다.

제가 지금 설교를 하면서 검은 양복을 입고 있습니다. 예복이라고 하면 거의 검은색입니다. 왜 예복으로 검은색 옷을 입습니까? 검은 색깔만 그 사람을 보이게 합니다. 옷이 색깔이 있고 화려할수록 옷이 보입니다. 화려한 옷을 입으면 사실 자기 옷을 도드라지게 보이게 하는 겁니다. 우리가 검은 옷을 입고 예배를 드릴 때는 '하나님, 이 얼굴 있는 이대로 나를 드립니다' 이런 뜻입니다.

이 검은색이 검은색이 되어 줌으로 나만 보이게 해주는 겁니다. 그 녹음의 음이 검은 바탕이 되어 줌으로 초록색들이 마구 살아서 춤을 춥니다. 마치 천반산이 검은 예복을 입었는데 그 예복 위에 초록색 넥타이와 무늬가 꽂혀 있는 것처럼 보입니다. 옛날 사람들이 기가 막히게 녹음이라는 말을 지어냈습니다. 이 말을 지어낸 사람들은 분명히 이 음을 본 것입니다.

어떤 공동체든지 음이 있어야 합니다. 자기를 가려주고 남을 도드라지게 하는 사람들입니다. 그래서 그 공동체가 녹음이 됩니다. 전부 초록색이 되려고 하면 그 초록색이 서로 뭉쳐 버립니다.

마가복음 10장 42절에서 45절입니다.

예수께서 불러다가 이르시되 이방인의 집권자들이 그들을 임의로 주관하고 그 고관들이 그들에게 권세를 부리는 줄을 너희가 알거니와 너희 중에는 그렇지 않을지니 너희 중에 누구든지 크고자 하는 자는 너희를 섬기는 자가 되고 너희 중에 누구든지 으뜸이 되고자 하는 자는 모든 사람의 종이 되어야 하리라 인자가 온 것은 섬김을 받으려 함이 아니라 도리어 섬기려 하고 자기 목숨을 많은 사람의 대속물로 주려 함이니라

'너희들 음이 되거라. 많은 사람을 돋보이게 하는 음이 되거라. 그러면 내가 너희들하고 함께한다'라는 뜻입니다. 왜입니까? 예수님도 이 세상을 살리는 음이 되기 위해서 온 대속물이기 때문입니다. 정말 좋은 교회가 되려면 음이 많아야 합니다. 그때 서로 녹으로 되살아납니다.

하늘은 늘 그 자리에 있는데 구름은 사람을 안 기다려 줍니다. 제가 도시에서 태어나서 70여 년을 살았는데 도시에 하늘이 없습니까? 있습니다. 제가 2006년도부터 2013년도까지 살던 아파트는 한강이 내려다 보여서 해가 지는 모습이 보였습니다. 이사 간 이후 한두 달 정도 시간 날 때 그 낙조를 감상했습니다. 그다음에는 창문 밖을 내다보지도 않았습니다. 서울에 살면 하늘이 보이지 않습니다. 볼 시간이 없는 겁니다.

그런데 시골에서 하늘이 보이는데 구름들이 너무너무 아름다운 겁니다. 제가 사는 마을을 포함해서 인근 14개 마을을 크게 하성 지역이라고 부릅니다. '하' 자는 노을 '하霞' 자입니다. '적하'라고도 부릅니다. 붉을 '적赤' 자에 노을 '하' 자입니다. 노을이 굉장히 아름답습니다. 그래서 제가 구름 사진을 수백 장 찍었습니다. 제가 뒷산 소류지로 올라가면서 지금 막 황혼이 깃드는 구름이 보여서 카메라로 찍으려고 했습니다. '아, 조금 지나서 저 구름 오른쪽이 더 붉게 물들면 그때 찍자' 하고 소류지로 올라가다 보면 그 구름은 흩어져 보이지 않습니다.

구름은 기다리지 않습니다. 구름을 볼 때마다 우리에게 주어진 인생의 길이입니다. 우리에게 주어진 인생은 기다리지 않습니다. 시시각각 다가옵니다.

마태복음 24장 38절에서 42절입니다.

홍수 전에 노아가 방주에 들어가던 날까지 사람들이 먹고 마시고 장가들고 시집 가고 있으면서 홍수가 나서 그들을 다 멸하기까지 깨닫지 못하였으니 인자의 임함도 이와 같으리라 그 때에 두 사람이 밭에 있으매 한 사람은 데려가고 한 사람은 버려둠을 당할 것이요 두 여자가 맷돌질을 하고 있으매 한 사람은 데려가고 한 사람은 버려둠을 당할 것이니라 그러므로 깨어 있으라 어느 날에 너희 주가 임할는지 너희가 알지 못함이니라

우주적인 종말, 역사의 종말만 종말이 아닙니다. 우리 개

개인은 언젠가 다 이 세상을 떠나야 합니다. 우리가 내뿜은 숨을 다시 들이키지 못하는 순간이 오고 있습니다. 그 순간은 우리를 기다려주지 않습니다. 그렇기 때문에 우리는 지금 코로 숨을 쉬는 이 순간이 마치 마지막 순간이듯 최선을 다해서 주어진 삶을 주님 안에서 매듭지으면서 살아가야 합니다.

결론을 맺겠습니다. 여러분, 많은 분들이 세월은 흘러간다 그러지 않습니까? '세월이 흘러간다.' 참 슬픈 것입니다. 20대 때가 엊그제 같은데 벌써 70대, 80대입니다. 다 흘러가 버렸습니다.

여러분, 세월은 흘러가는 것이 아니라 오는 겁니다. 여기서 살면 어떻습니까? 봄이 지나가면 여름이 오고, 여름이 지나가면 가을이 오고, 가을이 지나가면 겨울이 오지 않습니까? 지나가는 것만 보면 세월은 가는 겁니다. 지나가는 것만 보면 세월은 허무합니다. 지나가는 것만 보면 소망이 없습니다. 그런데 아닙니다. 세월은 옵니다. 지금 여름이면 가을이 또 옵니다. 겨울이 옵니다. 12월이 옵니다. 세월이 옵니다. 오늘이 내가 이 땅에서 살아가는 마지막 날이라 할지라도 가는 세월이 아니라 오는 세월을 새 마음으로 맞을 때 우리는 매일매일을 새 시간으로 엮어갈 수 있습니다. 내가 오늘을 새 시간으로 엮어 가면 지나간 세월의 의미마저도 새롭게 승화시킬 수 있습니다.

사랑하는 교우 여러분. 하나님께서 당신의 섭리 속에서 여러분들을 이 아름다운 자연 속에서 살게 하셨습니다.

요한복음 1장 1절에서 3절입니다.

태초에 말씀이 계시니라 이 말씀이 하나님과 함께 계셨으니 이 말씀은 곧 하나님이시니라 그가 태초에 하나님과 함께 계셨고 만물이 그로 말미암아 지은 바 되었으니 지은 것이 하나도 그가 없이는 된 것이 없느니라

하나님은 말씀이시고 당신의 말씀으로 이 세상을 지으셨습니다. 그러므로 이 세상이 하나님의 말씀을 우리에게 매일매일 웅변합니다. 여러분, 그 보이지 않는 하나님과 매일 대면하십시오. 이 자연 속에서 그 하나님의 말씀을 들으십시오. 그 하나님의 말씀으로 이 자연 속에서 여러분들을 성찰하고 반추하면서 날마다 새롭게 가꾸어 가십시오. 여러분들은 이 세상 그 어떤 예술품보다 더 아름다운 주님의

작품으로 승화될 것입니다. 기도하겠습니다.

———

　주님, 하나님께서 말씀으로 천지를 창조하셨습니다. 주님께서는 이 자연을 하나님 말씀의 주석으로 사용하셨습니다. 주님, 우리가 그 자연 속에 살게 해주신 것 감사합니다. 날마다 그 자연 속에서 자신을 반추하고 성찰하고 하나님의 말씀에 귀 기울임으로, 머리 숙인 한 분 한 분의 삶이 주님의 아름다운 작품으로 승화되게 해주시고, 이분들을 예수 그리스도의 핏값으로 구원하시고 그리스도인으로 살게 하신 주님의 뜻이 이 시대의 역사 속에 다 아름답게 결실되게 하여 주시옵소서. 예수님의 이름으로 기도드립니다. 아멘.

2015. 5. 22.
밴쿠버 교회협의회 주최 밴쿠버 연합집회

주님의 사람

5 주께서 나의 날을 한 뼘 길이만큼 되게 하시매 나의 일생이 주 앞에는 없는 것 같사오니 사람은 그가 든든히 서 있는 때에도 진실로 모두가 허사뿐이니이다 (셀라) **6** 진실로 각 사람은 그림자같이 다니고 헛된 일로 소란하며 재물을 쌓으나 누가 거둘는지 알지 못하나이다

시편 39편 5-6절

다윗이 70년을 살고서 인생이 한 뼘 길이만 하다고 했으니, 더 긴 인생을 산 사람이라면 필경 엄지와 검지를 붙이다시피 하며 인생은 요만큼밖에 되지 않더라고 고백할 것입니다. 인생은 오래 살수록 짧게 느껴집니다. 인생은 오래 살수록 빠르다고 여겨집니다.

5절 상반절을 보시겠습니다.

주께서 나의 날을 한 뼘 길이만큼 되게 하시매 나의 일생이 주 앞에는 없는 것 같사오니

자신의 70년 인생이 겨우 손바닥 길이밖에 되지 않는데, 그마저도 하나님 앞에서는 없는 것과 같더라는 것입니다. 하나님께서는 영원하신 분이지 않습니까? 그 영원하신 하나님 앞에 70년은 없는 것과 같다는 것입니다. 여러분은 천 년 전의 조상을 알고 계십니까? 나는 김해 김씨다, 나는 전주 이씨다, 나는 경주 김씨다… 사람들은 이렇게 자기 성씨의 본을 이야기합니다. 저는 전주 이씨입니다. 그러나 천 년 전의 제 조상을 알지 못합니다. 천 년은 고사하고 백 년 전 선조의 얼굴도 알지 못합니다. 마찬가지로 백 년 후 제

후손들도 저를 알지 못할 것입니다. 하나님 앞에서 우리의 존재는 없는 것과 같습니다. 여러분이 밴쿠버에 이민 오시기 전 이 땅에 오래도록 원주민이 살지 않았습니까? 그런데 지금은 다 어디로 갔습니까? 그들이 어떻게 살았는지, 그들 개개인은 개별적으로 어떤 삶을 살았는지 아십니까? 그저 뭉뚱그려 알 뿐입니다. 그 삶이 다 사라졌기 때문입니다. 우리도 예외가 아닙니다. 우리의 인생도 손바닥만 할 뿐이고, 그 손바닥만 한 인생은 하나님 앞에서 없는 것과 같습니다.

5절을 다시 보십시다.

주께서 나의 날을 한 뼘 길이만큼 되게 하시매 나의 일생이 주 앞에는 없는 것 같사오니 사람은 그가 든든히 서 있는 때에도 진실로 모두가 허사뿐이니이다 (셀라)

우리말로 "든든히 서 있는"이라고 번역된 히브리어 '나짜브נצב'는 '최전성기'를 의미합니다. 인생은 손바닥 길이 정도일 뿐인데, 그러한 인생에도 각자의 최전성기가 있을 수 있지 않습니까? 그러나 인생의 그 최전성기조차도 하나님 앞에서는 허사일 뿐이라는 것입니다. '허사'라는 말은 히브리어로 '헤벨הֶבֶל'로, '후우~' 하고 내뱉는 '숨결'을 뜻합니다. 내가 지금 '후우~' 하고 숨을 내뿜었는데 그 숨이 어디 갔습니까? 순식간에 사라졌습니다. 얼마나 공허합니까? 얼마나 허무합니까? 대헬라제국이 어디 갔습니까? 전성시대의 바빌로니아제국이 어디로 갔습니까? 2천 년 전 예수님을 못박아 죽였던 최전성기의 로마제국이 어디 갔습니까? 폐허 속에 삭아져 내린 돌멩이 몇 개 속에, 최전성기라 할지라도 허사일 뿐임을 웅변하면서 허무하게 남아 있습니다. 만일 여러분이 지금 인생의 전성기에, 정점에 있다 할지라도, 한 번 내쉬면 그 숨이 사라지듯 하나님 앞에서는 허사입니다.

쩨렘의 허상

6절 상반절을 보시겠습니다.

진실로 각 사람은 그림자같이 다니고

우리말 '그림자'에 해당하는 히브리어 '쩨렘צֶלֶם'은 '환영

幻影'이라는 뜻입니다. 환영은 허상입니다. 실체가 없는 것입니다. 있는 것 같은데 없는 것입니다. 길거리에 다니는 모든 사람이 실은 환영, 그림자에 불과하다는 말입니다. 이것이 무슨 의미입니까? 여러분이 살고 계시는 이 밴쿠버는 인구가 200만 명이 넘습니다. 여러분이 이민 오신 지 몇 년이 되었든 200만 명이 넘는 사람들이 살아가는 밴쿠버 광역 도시에서 여러분은 몇 명과 알고 지내십니까? 200만 명 가운데 10퍼센트라고 하면 20만 명입니다. 20만 명과 알고서 교류하는 사람은 없습니다. 2만 명과 인격적인 관계를 맺고 살아간다면 전체 인구의 1퍼센트와 관계를 맺는 것인데, 그런 사람도 없을 것입니다. 2천 명이면 0.1퍼센트이고, 0.01퍼센트에 해당하는 200명과 인격적인 관계를 맺고 그들의 삶을 속속들이 알고 살아간다면, 그 0.01퍼센트를 제외한 나머지 99.99퍼센트는 여러분에게 그림자 같은 존재입니다.

여러분이 길거리를 걸어갈 때 스쳐 지나가는 99.99퍼센트의 사람들은 쩨렘입니다. 여러분이 자동차를 몰고 갈 때 지나쳐 가는 99.99퍼센트의 차량과 탑승자들은 쩨렘입니다. 똑같은 이유로 그들에게 여러분도 쩨렘입니다. 그

99.99퍼센트의 사람들은 여러분의 존재를 인식조차 하지 않습니다. 여러분이 아무리 바쁘게 다녀도 그들에게 여러분은 그림자 같은 존재입니다. 오늘 밤 여러분이 어떤 이유에서든 숨이 멎게 된다 할지라도 99.99퍼센트의 사람들은 여러분에게 아무런 관심을 두지 않습니다. 왜입니까? 그들에게 여러분은 그림자일 따름이기 때문입니다. 이것이 인생입니다.

6절을 중반절까지 다시 보시겠습니다.

진실로 각 사람은 그림자같이 다니고 헛된 일로 소란하며

여기에서 "헛된 일"이란 앞서 말씀드린 헤벨, 즉 한 번 내쉬었는데 사라지는 숨과 같습니다. 이처럼 공허한 일로 사람들이 소란하게 살아간다는 것입니다. '소란'에 해당하는 히브리어 동사 '하마המה'는 서로 잡아먹을 듯이 으르렁거리며 싸우는 모습을 묘사하는 단어입니다. 사람들은 영원한 것을 위해 싸우지 않습니다. 오늘 우리가 얼마나 진리를 위해 으르렁거리면서 살았습니까? 우리가 으르렁거리며

산 결과가 무엇입니까? 재산을 좀더 모은 것입니까? 중요한 사실은, 어느 날 느닷없이 우리의 코끝에서 호흡이 멎을 때 그 재산이 우리를 책임져 주지 않는다는 것입니다.

우리나라 현대사를 통틀어 박정희 전 대통령만큼 절대 권력을 휘두른 사람은 없을 것입니다. 그분이 권력을 유지하기 위해 얼마나 많은 애를 썼습니까? 그렇게 권력을 유지하다가 62세에 돌아가셨습니다. 해방 이후 한국에서 부의 상징이 된 사람은 삼성그룹의 이병철 회장입니다. 그분은 77세에 돌아가셨는데, 평생 모은 태산 같은 재산이 그분의 생명을 책임져 주지 못했습니다.

여러분이 오로지 더 많은 것을 갖기 위해 '하마'한다면, 더 좋은 집과 고급차를 살 수 있을 것입니다. 왜냐하면 우리가 시장경제 체제에서 살고 있기 때문입니다. 그러나 그렇게 모은 것들이 우리를 책임져 주지 않는다는 사실을 기억해야 합니다. 오히려 내 인생과 바꾸어 가며 기를 쓰며 모은 재산 때문에 내가 그토록 사랑하는 자녀들이 서로 원수가 되기 십상입니다. 부모가 남긴 많은 재산을 놓고 다투지 않는 자식들을 찾아보기란 쉽지 않습니다.

6절 전체를 보시겠습니다.

진실로 각 사람은 그림자같이 다니고 헛된 일로 소란하며
재물을 쌓으나 누가 거둘는지 알지 못하나이다

으르렁거리며 살면 재산을 모을 수 있습니다. 그러나 세
월이 흐른 뒤 그 재산이 누구의 것이 될는지는 알 수 없습
니다. 미국의 가수 가운데 많은 사람들이 좋아했고 지금도
사랑받고 있는 휘트니 휴스턴이 있습니다. 그녀가 노래를
부르면 머리끝에서 소름이 돋는 듯한 전율적인 감동이 있
었습니다. 사람들은 그녀의 목소리를 가리켜 '하나님이 내
린 천사의 목소리'라고 하였습니다. 그런데 그녀는 남편과
의 불화로 인생이 망가지게 되었고, 목소리도 잃었습니다.
재기하려 했으나 실패했습니다. 결국 약물중독인 상태로
비벌리힐스의 한 호텔 방 욕조에서 죽은 채로 발견되었습
니다.

그때 남긴 재산이 약 2천만 달러, 우리 돈으로 220억 원
입니다. 그 천문학적인 돈이 당시 18세 딸인 바비 크리스
티나에게 상속되었습니다. 만약 휘트니 휴스턴의 가정이
망가지지 않았다면, 더 큰 유산을 남겼을 것입니다. 뉴스
보도를 통해 잘 아시겠지만, 바비 크리스티나가 지난 1월

31일, 어머니와 똑같이 약물중독 상태로 욕조 안에서 발견되어 지금도 의식불명입니다(2015년 7월 사망―편집자). 바비 크리스티나와 동거하던 닉 고든과 그녀의 아버지 바비 브라운은 크리스티나가 상속받은 2천만 달러가 서로 자기 것이라며 싸움을 벌였습니다. 몇 주 전 보도에 따르면 그 싸움에 크리스티나의 외할머니도 개입했습니다. 휘트니 휴스턴이 남긴 재산을 놓고 세 사람이 싸우고 있는 것입니다.

여러분, 한번 생각해 보십시오. 휘트니 휴스턴이 자신이 남길 재산으로 이 같은 사태가 벌어지고 이처럼 공개적인 망신을 당하리라고 예상했더라면 아마 그 돈을 양로원이나 고아원에 기부하지 않았겠습니까?

1884년 미국에서 다우존스 산업지수가 시작될 때 기업 리스트에 포함되었던 30곳 가운데, 130년이 지나서 오늘날까지 남아 있는 기업은 제너럴일렉트릭 하나밖에 없습니다. 나머지 29곳은 당시 미국의 30대 기업에 들었지만 지금은 그 재산들이 모두 남의 것이 되었습니다. 5·16 이후 대한민국에서 전국경제인연합회가 결성될 때 발기했던 20개 기업 중 남아 있는 곳은 삼성과 LG 두 곳밖에 없습니다. 지금 대한민국에서 재벌이라 일컬어지는 기업이 100년 후에도 그대로 남아 있겠습니까? 세계 경제사를 보십시오. 100년이 지나도 남아 있는 기업은 불과 몇 개밖에 없습니다. 내가 그토록 애를 쓰고 으르렁거리면서 재산을 모아도, 내가 떠난 뒤에는 그 재산 때문에 자식들이 원수가 되는지 그다음 대가 되면 그 재산이 누구의 것이 될는지 알 수 없는 것입니다.

이것이 인생입니다. 70년을 살아도, 90년을 살아도 인생은 겨우 손바닥 길이밖에 안 되고 하나님 앞에서 없는 것과 마찬가지입니다. 다른 사람들에게도 그림자 같은 환영에 불과할 뿐입니다. 아무리 부산을 떨어도 허사이고 태산 같은 재산을 쌓아도 100년, 200년 뒤 그 재산이 누구의 것이 될는지 알지 못합니다. 솔로몬은 살아생전에 이 사실을 깨달았습니다. 그래서 전도서 1장 2절에서 다음과 같이 고백했습니다.

헛되고 헛되며 헛되고 헛되니 모든 것이 헛되도다

여기에서 "헛되도다" 역시 히브리어로 '헤벨'입니다. 히브리어는 의미를 강조할 때 같은 단어를 연이어 두 번 씁니다. 우리말의 경우, 가령 날씨가 무척 더울 때 '매우'나 '너무' 같은 부사를 사용하므로 저는 히브리식 표현법을 원시적이라고 생각했었습니다. 그런데 가만히 생각해 보면 '매우 덥다'는 매우 더운 것으로 끝나는 반면, '덥다 덥다'라고 하면 더운 것의 제곱이 되어 '매우 덥다'보다 훨씬 더 의미가 강조됩니다. 솔로몬이 인생은 '헛되고 헛되다'라고 했을 때, 헤벨 더하기 헤벨이 아니라 헤벨 곱하기 헤벨이 되어 의미의 제곱이 됩니다. 그런데 같은 단어를 다섯 번 썼다는 것은 솔로몬이 인생의 헛됨을 강하게 느껴 그것을 얼마나 강조하고 있는지 짐작하게 합니다. 이것이 인생입니다. 다윗이 칠십 평생을 살고서 깨달은 것이 이것이었습니다. 그의 아들인 솔로몬도 똑같았습니다.

그렇다면 그런 인생을 어떻게 살아야겠습니까? 허무만 씹으면서 염세주의자가 되어야 합니까? 세상으로부터 도피해야 합니까? 아닙니다.

다윗이 7절에서 이렇게 고백합니다.

주여 이제 내가 무엇을 바라리요 나의 소망은 주께 있나이다 인생 자체를 목표로 삼으면 허사로 끝납니다. 그렇기 때문에 나의 모든 소망을 오직 주님께 두겠다는 것입니다. 인생의 실체를 진실로 깨달았다면, 모든 소망을 주님께 두고 살아가야 합니다.

많은 사람들이 주님을 '나의 주님'으로 모셨다고 고백합니다. 물론 주님을 나의 주님으로 모시는 것은 중요합니다. 그런데 주님을 향해 '나의 주님'이라고 고백할 때, 그 주체는 '나 자신'이 되어 자칫 내가 주님을 제어하고 명령하고 싶어지게 됩니다. 이것은 마치 주님을 주머니 속에 넣고 다니면서 내가 필요할 때만 꺼내 쓰는 것과 같습니다.

주님을 나의 주님으로 모시는 것으로는 부족합니다. 내가 '주님의 사람'이 되어야 합니다. 그러면 주체가 주님이 되십니다. 내가 주님의 사람이 되면, 인생의 폭풍이 불어도, 인생의 계획이 내 예상과 전혀 다르게 전개되어도, 이 길을 걸으면 저 길을 걷는 것보다 상대적으로 불이익을 당해도, 고통스러운 모함을 당한다 해도, 주님께 모든 소망을 걸고서 주님의 길을 갈 수 있습니다.

끌려가는 삶

내가 주님을 나의 주님으로 모시는 차원을 뛰어넘어, 인생의 실체를 깨달아 주님의 사람으로 살아간다는 것이 구체적으로 무엇을 의미하는지 좀더 생각해 보겠습니다. 첫째, '테바의 사람'이 되는 것입니다. 하나님께서 패역한 인간들을 쓸어버리기 위해 홍수로 심판하고자 하셨습니다. 그렇지만 그 심판 속에서도 노아의 가족만은 구원하기로 하고 노아로 하여금 방주를 건조케 하셨습니다.

창세기 6장 15절을 보십시다.

네가 만들 방주는 이러하니 그 길이는 삼백 규빗, 너비는 오십 규빗, 높이는 삼십 규빗이라

하나님께서 노아에게 방주의 크기를 알려 주셨습니다. 이 크기를 오늘날 도량으로 환산하면, 길이가 136.8미터, 너비가 22.8미터, 높이가 13.68미터입니다. 즉 축구장보다도 더 큰 크기입니다. 이 크기의 용적을 계산하면 3만 2천 톤의 배수량이 나온다고 합니다. 밴쿠버에서 빅토리아로 가는 여객선을 타본 적 있는데, 목포나 부산에서 제주도로

가는 여객선보다 작았습니다. 목포나 부산에서 제주도까지는 저녁에 타면 하룻밤을 배에서 묵어야 하는 거리입니다. 그 큰 여객선의 용적이 3천 톤입니다. 그런데 3만 2천 톤은 제주-부산, 제주-목포 여객선의 열한 배가량 됩니다. 우리는 '노아의 방주'를 생각하면 거대함을 떠올리게 됩니다. 하나님께서 노아에게 방주를 지으라고 말씀하실 때 그 방주가 바로 히브리어로 '테바תֵּבָה'입니다. 테바는 그래서 거대함의 상징입니다.

이스라엘 백성들이 이집트에서 노예생활할 때, 그들의 수가 많아지자 파라오가 위기를 느껴 이 히브리 노예들이 아들을 낳으면 나일 강에 던져 죽도록 했습니다. 그런데 아므람과 요게벳이라는 젊은 부부가 아들을 낳고서 파라오의 그 명령을 어기고 3개월 동안 집에서 숨겨 아기를 키웠습니다. 그리고 이후의 일을 출애굽기 2장 3절은 다음과 같이 증언하고 있습니다.

더 숨길 수 없게 되매 그를 위하여 갈대 상자를 가져다가 역청과 나무 진을 칠하고 아기를 거기 담아 나일 강가 갈대 사이에 두고 아기의 부모는 갈대로 상자를 만들었습니다. 그리고 그 갈대 상자 안에 역청으로 방수 처리를 하고, 아기를 갈대 상자에 두어 나일 강에 띄웠습니다. 그 아기가 우리가 알고 있는 모세입니다. 성경에는 이 "갈대 상자" 역시 '테바'라고 기록되어 있습니다. 노아의 방주를 가리키는 테바와 똑같은 테바입니다.

언뜻 이해가 되지 않습니다. 하나는 축구장보다 더 큰 크기인데, 다른 하나는 도시락보다 약간 큰 정도이지 않습니까? 어떻게 갈대 상자가 테바가 될 수 있습니까? 하나님께서 말씀하신 테바의 핵심은 크기에 있는 것이 아니라 '무동력'에 있기 때문입니다. 노아의 방주에는 동력 장치가 없습니다. 모세의 갈대 상자에도 동력 장치가 없습니다. 제어 시스템도 물론 없습니다. 닻도 없습니다. 돛도 없습니다. 노아의 방주와 모세의 갈대 상자의 특징은 방향, 속도, 멈춤 모두 철저하게 하나님께 달려 있다는 것입니다. 그래서 노아가 탔던 거대한 테바도, 석 달 된 모세를 넣은 조그마한 테바도 하나님에 의한 구원의 테바가 될 수 있었습니다.

우리가 주님의 사람으로 살아간다는 것은 어떤 상황 속에서도 인생의 방향, 속도, 멈춤을 철저하게 하나님께 맡기는 것입니다. 내가 하나님을 끌고가는 것이 아닙니다. 하나님께 끌려가는 것입니다. 인생의 방향, 속도, 멈춤을 하나님께 맡긴다는 것을 더 쉽게 두 단어로 표현하면, '지족'과 '자족'의 사람이 되는 것입니다. '지족知足'은 지금 내게 주어진 상황이 족함을 아는 것입니다. 하나님께서 무능력하셔서가 아니라 전지전능하심에도 지금 내게 인생의 가시덤불과 눈물의 웅덩이를 주셨다면, 그 가시덤불과 웅덩이가 내 인생에 반드시 필요하기 때문에, 그 속에서만 내가 가다듬어질 수 있기 때문에 주신 것임을 아는 것입니다. 그리고 그 속에서 실제로 '자족自足'하는 삶을 사는 것입니다.

그리스도인의 많은 문제가 어디에서 생깁니까? 족한 줄 모르는 데에서입니다. 그래서 자족의 삶을 살지 못합니다. 과거에 비해 우리나라가 얼마나 잘살게 되었습니까? 저는 1949년생입니다. 경제적으로 여유 있는 집안에서 태어났지만 6·25 이후 물자가 없어서 기운 양말을 신고 다녔습니다. 요즘에 기운 양말을 신고 다니는 아이들이 있습니까? 그러나 우리나라의 행복지수는 선진국에서 가장 낮습니다. 교회가 지족과 자족을 제대로 가르치지 않았기 때문입니다. 교회에서 사람들이 테바의 사람, 지족과 자족의 사람으로 거듭나야 하는데 오히려 욕망을 부추김 당합니다.

요셉은 아버지가 형들에게는 주지 않는 채색옷을 자기에게만 입혀 주었음에도 형들에게 조금도 미안해하지 않고, 그것을 자신의 당연한 권리인 양 생각했습니다. 그리고 형들의 잘못을 덮어주기는커녕 아버지에게 고자질하곤 했습니다. 그런데 어느 날 아버지에게 명을 받았는데, 형들이 광야에서 양을 잘 치고 있는지 놀고 있는지 가서 확인하고 오라는 것이었습니다. 형들은 이때가 기회다 싶어 요셉을 죽이려 했습니다. 하지만 장자인 르우벤의 설득으로 요셉을 잡아 웅덩이에 빠뜨렸습니다.

그런데 창세기 37장 23-24절이 이렇게 증언합니다.

요셉이 형들에게 이르매 그의 형들이 요셉의 옷 곧 그가 입은 채색옷을 벗기고 그를 잡아 구덩이에 던지니 그 구덩이는 빈 것이라 그 속에 물이 없었더라

성경에서 이런 표현은 무척 중요합니다. 형들이 요셉을 웅덩이에 던졌는데 만약 그 웅덩이에 물이 있었다면, 요셉은 익사했으리라는 것입니다. 형들은 분명히 요셉에게 위

해를 가하려고 웅덩이에 던졌는데, 그 웅덩이는 하나님께서 예비하신 웅덩이였기 때문에 물이 없었다는 것입니다. 그 웅덩이가 요셉에게는 테바였습니다. 광야의 웅덩이에 빠지는 것이 육체적으로 고통이요 현실적으로 비극으로 보이지만, 그럼으로써 요셉은 종살이로 팔려가도, 억울하게 옥살이를 해도 주님께 자기 인생을 맡기고 지족과 자족의 삶을 살 수 있었습니다. 이 같은 하나님의 훈련 과정을 거쳐, 하나님의 때에 하나님의 도구로 세움 받았습니다.

아브라함은 하나님께로부터 아들 이삭을 번제로 바치라는 명령을 받았습니다. 이에 순종하여 그는 하나님께서 지정하신 모리아 산으로 올라가는데, 가시덤불이 많았습니다. 왜 하나님께서 평평한 초원이 아니라 가시덤불이 많은 비탈진 산으로 부르셨습니까? 그때 번제에 쓸 나무를 어깨에 메고 올라간 이삭의 나이를 15세 정도로 보므로, 아브라함은 대략 115세였습니다. 그들의 발목에는 가시덤불이 계속 칭칭 감겼을 것입니다. 모리아 산에서 마침내 하나님께서 아브라함의 믿음을 보고 이삭을 번제로 바치지 않아도 된다고 말씀하시는 순간을 창세기 22장 13절이 이렇게 증언합니다.

아브라함이 눈을 들어 살펴본즉 한 숫양이 뒤에 있는데 뿔이 수풀에 걸려 있는지라 아브라함이 가서 그 숫양을 가져다가 아들을 대신하여 번제로 드렸더라

여기에서 "수풀"이라 번역된 히브리어가 '쎄바크ךֶבֶס'인데, 가시덤불을 뜻하는 단어입니다. 아브라함이 산을 올라갈 때 발목에 감기던 장애물 곧 가시덤불이 있었기 때문에, 가시덤불에 걸린 양을 이삭 대신 제물로 바칠 수 있었던 것입니다.

여러분 가운데 지금 웅덩이에 빠져 있는 분이 계십니까? 육체적으로든 경제적으로든 가시덤불이 여러분의 발목을 잡고 있습니까? 그럼에도 테바의 사람들이 되십시다. 지족하고 자족하십시다. 인생의 방향과 속도와 멈춤을 주님께 맡기십시다. 매일매일 주님의 인도하심 속에서 주님의 말씀을 좇아갈 때, 그 웅덩이는 승리의 웅덩이가 되며, 그 가시덤불은 새 역사와 역전의 가시덤불이 될 것입니다.

탈출과 퇴장

둘째, '엑소도스의 사람'이 되는 것입니다. 헬라어 '엑소

도스ἔξοδος'는 '탈출'이라는 의미입니다. 구약성경 두 번째 책 이름 '출애굽기'가 헬라어로 엑소도스인데, 이집트의 노예살이에서 벗어나는 과정을 기록했기 때문입니다. '엑스ἐξ'는 '…밖으로'를 뜻하는 전치사이고, '호도스ὁδός'는 '길'을 의미합니다. 즉 노예의 길 밖으로 벗어났음을 나타냅니다. 성경에서 이집트는 죄와 사망과 어둠의 상징입니다. 하나님께서 이스라엘 백성들을 이집트의 노예살이에서 탈출시켜 주셨다는 것은, 죄와 사망과 어둠의 노예였던 그들을 당신의 은혜로 말미암아 자유하게 해주신 것입니다.

탈출하는 이스라엘 백성들 앞에 홍해가 가로막혀 있었을 때, 하나님께서는 홍해를 열어 그들을 건너가게 해주셨습니다. 갈라진 홍해는 갈라진 채로 있지 않았습니다. 그대로 계속 있다면, 이스라엘 백성들이 이집트로 되돌아갈 길이 여전히 열려 있는 것입니다. 그런데 갈라진 홍해가 합쳐짐으로 이집트의 노예살이로 되돌아가는 길은 없어졌습니다.

죄와 사망과 어둠의 노예로 지내던 우리를 주님께서 십자가의 보혈로 구원해 주신 것은 전적으로 주님의 은혜입니다. 그 은혜를 입었다는 것은 이제 옛 삶으로 되돌아갈 길이 우리에게 사라졌음을 의미합니다. 그러므로 죄와 사망으로부터 엑소도스하는 성화의 삶을 사는 것은 지금부터 나의 의지의 문제가 됩니다. 벗어나게 하신 것이 은혜라면, 성화의 삶은 내 의지를 다해야 하는 것입니다. 그 후 이스라엘 백성이 어떻게 했습니까? 물리적으로 홍해가 다시 합쳐져 이집트로 되돌아갈 길이 없어졌음에도, 광야에서 자신들 마음에 들지 않는 상황이 벌어지면 이집트로 되돌아가려 했습니다. 그들의 마음에는 여전히 이집트가 있었던 것입니다. 그렇게 40년 동안 광야에서 지내다가 허무한 숨결처럼 사라져 버렸습니다. 정말 여러분이 예수 그리스도의 속죄와 구원을 믿는다면, 엑스 호도스가 아니라 '에이스 호도스εἰς ὁδός' 즉 '그 길을 향해', 가나안을 향해, 예수 그리스도의 길을 좇아가야 합니다. 그때에만 우리의 인생이 무의미한 헤벨이 아니라 영원한 생명으로 건져 올려질 수 있습니다.

엑소도스에는 '퇴장'이라는 의미도 있습니다. 제가 오늘 이 강단에 올라섰다고 해서 제가 천년만년 이 자리에 있지 않습니다. 조금 있으면 저는 퇴장합니다. 어느 연극 무대든, 무대에 올라간 배우는 반드시 퇴장할 때가 옵니다. 인생이라는 무대도 마찬가지입니다. 여교우님들 가운데 오늘 이 자리에 화장을 하고 오신 분은 밤에 화장을 지울 것입니다. 무슨 의미입니까? 하루가 끝났다는 것입니다. 하루가 지속된다면 화장을 그대로 둘 것입니다. 이처럼 인생의 화장도 지울 때가 반드시 옵니다.

여러분이 무엇으로 치장했든 다 소용없습니다. 지워야 합니다. 우리가 살아가면서 인생의 스포트라이트를 받을 때가 있습니다. 이것도 결국에는 꺼집니다. 한순간에 꺼집니다. 가장 어리석은 인간이 자기 인생이 천년만년 지속되리라 착각하는 사람입니다. 인생의 무대에 언젠가는 조명이 꺼지고, 커튼이 내려오고, 화장을 지워야 할 때가 온다는 사실을 알 때만 우리가 매 순간 최선을 다해 살아갈 수 있습니다. 자신이 퇴장할 때가 있음을 아는 사람만 의미 있는 삶을 위해 최선을 다할 수 있습니다.

오늘은 어제 죽은 사람이 그토록 살기를 열망했던 내일입니다. 그렇게 중요한 순간순간을 우리는 지금 맞이하고 있습니다. 제가 워싱턴에 갔을 때 미국연합감리교회 감독이신 조영진 목사님(2023년 현재 은퇴―편집자)과 함께 아침 식사를 했는데, 그분이 이렇게 기도하셨습니다. "하나님, 오늘도 평생 처음 맞는 아침을 주셔서 감사합니다." 우리가 퇴장할 날이 있다는 사실을 알면, 매일 맞이하는 하루는 처음 맞는 소중한 날이 됩니다. 그러니 어떻게 무의미하게 새 하루를 허비할 수 있겠습니까?

엑소도스에는 또 다른 의미가 있습니다. 이 땅에 오신 예수님께서 공생애를 매듭지으실 무렵, 당신이 사랑하시는 제자 베드로, 요한, 야고보를 데리고 변화산으로 올라가셨습니다. 그곳에서 예수님의 용모와 옷이 눈부시게 변화되었습니다. 그리고 하늘에서 모세와 엘리야가 내려와 예수님과 대화를 나누었습니다. 그 모습이 얼마나 황홀했던지 베드로가 "주여, 우리가 여기 있는 것이 좋사오니 우리가 초막 셋을 짓되 하나는 주를 위하여, 하나는 모세를 위하여, 하나는 엘리야를 위하여 하사이다"(눅 9:33)라고 말했습니다. 산 아래로 내려가지 말고 그곳에서 계속 지내며 신선놀음을 하자는 것이었습니다. 그런데 예수님께서 하늘에서 내려온 모세와 엘리야와 나눈 대화의 내용이 무엇이었습니까?

누가복음 9장 29-31절이 이렇게 증언합니다.

기도하실 때에 용모가 변화되고 그 옷이 희어져 광채가
나더라 문득 두 사람이 예수와 함께 말하니 이는 모세와
엘리야라 영광 중에 나타나서 장차 예수께서 예루살렘에
서 별세하실 것을 말할새

모세와 엘리야가 예수님과 나눈 대화의 핵심 내용은 바
로 예수님의 죽음이었습니다. 우리말로 "별세"라고 번역된
헬라어가 엑소도스입니다. 즉 엑소도스는 탈출, 퇴장, 그리
고 죽음이라는 의미를 지니고 있습니다. 예수님께서 모세
와 엘리야와 더불어 당신의 죽음을 이야기하셨습니다. 그
런데 왜 제자들의 대표격인 베드로와 야고보와 요한을 데
리고 가서, 그 현장에 모세와 엘리야를 하늘에서 내려오게
하여 당신의 죽음을 이야기하신 것입니까? 이것이 제자들
에게 주는 메시지가 무엇입니까? 예수님께서 십자가에서
죽으시지만, 그 죽음이 끝이 아니라는 것입니다. 죽음은 모
세와 엘리야가 내려온 저 하나님 나라를 향한 관문이라는
것을 지금 보여 주고 있는 것입니다.
　제자들은 이것을 나중에야 깨달았습니다. 우리가 주님의
사람이 되기 위해 엑소도스의 사람이 되어야 한다는 것은,

죽음은 결코 인생의 끝이 아니고 피할 일도 아니며, 주님 계신 나라를 향한 첫걸음임을 깨달아야 한다는 것입니다.

의사들 가운데 상대적으로 기독교인 비율이 가장 낮은 분야가 외과라고 합니다. 부끄러운 사실인데, 외과의사가 수술한 중환자 가운데 예수 믿는 사람일수록 죽음을 받아들이려 하지 않는다고 합니다. 오히려 불교신자들이 마지막 순간이 되면 담담하게 그 시간을 받아들인다는 것입니다. 예수 믿는 사람들은 영생을 얻었다고 말하면서도 그러한 모습을 보이니, 외과의사들이 볼 때 그 믿음은 헛것이라 여겨질 수밖에 없습니다.

입으로만 영생을 이야기할 것이 아니라, 영원한 생명을 진실로 믿고 죽음에 임하는 순간이 내가 영원과 접속되는 순간임을 믿을 수 있어야 합니다. 그렇지 않으면, 우리가 아무리 교회에 다닌다 해도 세속적인 가치관에서 벗어나지 못합니다. 죽음을 통해 저 나라에 이른다는 것을 알 때에만 세상 속에서 용기 있게 끊을 것을 끊고 포기할 것을 포기할 수 있습니다. 사도 바울에게 이 믿음이 없었다면 참수형을 당할 수 있었겠습니까? 우리가 존경하는 사도 바울처럼, 우리에게도 참수형 당해야 하는 상황이 온다면 피하지 않을 수 있겠습니까? 만일 피하게 된다면, 하나님 나라를 진정으로 믿지 않기 때문입니다. 그러나 바울은 믿었던 것입니다. 그의 목은 2천 년 전에 잘렸지만 그는 지금도 우리 가운데 영원히 살아 있습니다.

두 눈의 사람

셋째, '에네의 사람'이 되는 것입니다.
시편 19편 8절을 보시겠습니다.

여호와의 교훈은 정직하여 마음을 기쁘게 하고 여호와의 계명은 순결하여 눈을 밝게 하시도다

하나님의 말씀은 인간의 눈을 밝게 합니다. 이는 노안이 된 사람의 시력을 좋게 해준다는 것이 아니라, 이 세상을 바로 보는 눈을 갖게 해준다는 의미입니다. "눈"으로 번역된 히브리어는 '에네 עיני'입니다. 에네를 우리말로 정확히 번역하면 '눈들'입니다. 히브리어로 단수의 눈은 '아인עין'입니다. 히브리어와 헬라어는 단수와 복수를 분명하게 구별합니다. 영어도 마찬가지입니다. 그런데 한국어는 단·복수를 정확

히 구별하여 사용하지 않습니다. 우리말은 보통 두 눈을 가리킬 때도 단수로 눈이라고 합니다. 그래서 실은 두 눈을 가지고도 외눈 인생처럼 살아갑니다. 하나님께서 인간에게 하나의 눈을 주시지 않았습니다. 두 개의 눈을 주셨습니다. 이 세상은 평면이 아닙니다. 요철이 있고 원근이 있습니다. 이 세상은 입체적입니다. 본질은 고사하고, 세상의 외형만이라도 바르게 보기 위해 두 눈이 필요합니다. 외눈으로는 외형조차도 제대로 읽을 수 없습니다.

영적으로 두 눈을 가진 사람은 칠흑 같은 어둠 속에서 곧 닥쳐올 새벽을 봅니다. 여름에도 겨울을 보고 대비합니다. 폭풍 속에서 정적을, 정적 속에서 폭풍을, 난무하는 정의의 구호 속에서 불의를, 모함 속에서 진실을, 무에서 유를 봅니다. 그러므로 하나님의 말씀 속에서 하나님께서 주신 두 눈, 곧 영적으로 에네의 사람으로 살아갈 때만 인간 세계의 문화와 정신을 발전시켜 나갈 수 있습니다.

유럽에서 가장 높은 산은 알프스산맥의 최고봉인 몽블랑입니다. 높이가 무려 4,807미터입니다. 몽블랑 봉우리 바로 밑에 에귀드미드라는 봉우리가 있는데 그 높이는 3,842미터입니다. 백두산보다 1킬로미터 더 높습니다. 에귀드미드에서 샤모니 마을까지 케이블카가 설치되어 있는데, 그 케이블카를 설치하려는 계획이 처음 나왔던 때가 1905년입니다. 그런데 공사를 시작했다가 1차 세계대전으로 인해 1911년에 중단되었습니다. 1940년 신공법으로 다시 공사가 시작되었는데 2차 세계대전으로 또 중단되었습니다. 그리고 1949년 다시 공사가 시작되어 마침내 1955년 완공되었습니다. 1905년이면 지금으로부터 110년 전입니다.

저는 몽블랑 앞에 섰을 때 한없이 부러웠습니다. 생각해 보십시오. 알프스 몽블랑이 있습니다. 아무것도 없이 눈 덮인 산만 있는 것입니다. 그런데 110년 전 프랑스의 한 젊은이가 아무것도 없는 이 하얀 설산에 케이블카를 설치하면 자신처럼 젊은 사람뿐 아니라 노약자나 장애인들도 하나님께서 창조하신 이 장관을 구경할 수 있겠다고 생각한 것입니다. 더 놀라운 것은, 사람들이 그 이야기를 듣고서 터무니없다거나 미쳤다거나 하는 반응을 보이지 않았다는 것입니다. 한 청년이 몽블랑 앞에서 무에서 유를 보는 두 눈을 가졌을 때, 그 청년을 밀어주는 두 눈을 가진 어른들이 있었던 것입니다.

수에즈운하는 1869년에 뚫렸습니다. 길이가 192킬로미터입니다. 한번 생각해 보십시오. 150년 전 이 육지를 뚫어 지중해와 홍해를 연결하면 유럽에 있는 배가 아프리카 희 망봉을 돌지 않고 6,400킬로미터를 단축해서 아시아로 갈 수 있다고 생각한 것입니다. 이 생각을 헛된 것으로 여기지 않고 도운 사람들이 있었던 것입니다. 이런 사람들이 세상 을 바꾸고 변화시킵니다. 바로 교회가 이 역할을 할 수 있 어야 합니다. 하나님의 말씀은 하나님께서 창조하신 두 눈 의 기능을 온전케 합니다. 적어도 교회가 두 눈을 가진 청 년을 외눈박이로 만들어서는 안 됩니다. 에네의 사람만이 역사의 미래를 대비할 수 있습니다.

미국은 캐나다보다 100년 일찍 독립했습니다. 1776년 독 립할 당시 미국은 오늘날 미국의 동부 지역에 국한된 국가 였습니다. 그런데 72년 뒤 동부에서 서부 캘리포니아까지 국토의 너비가 5천 킬로미터가 되었습니다. 그리고 독립한 지 121년이 지난 1897년, 본토에서 3,500킬로미터 떨어져 있던 하와이가 미국 땅이 되었습니다.

동부에서 하와이까지는 8,500킬로미터입니다. 미국 동 부에 국한된 미국과, 대서양을 이어 태평양 한가운데를 국 토로 삼은 미국이 비교가 됩니까?

일본은 아이누족이 살던 홋카이도를 1869년 일본 땅으로 편입했습니다. 1897년에는 450년 동안 존속하며 오키나와를 중심으로 수십 개의 섬나라로 이루어진 류큐 왕국을 합병했습니다. 일본 열도는 1,500킬로미터에 불과합니다. 그런데 홋카이도 최북단 소야에서 옛날 류큐 왕국의 섬이었던, 대만 바로 앞의 요나구니 섬까지는 육로와 뱃길을 따라가면 무려 4천 킬로미터가 됩니다. 한국인은 일본인을 우습게 생각하는 경향이 있습니다. 일본에게 축구만 이기면 다 이기는 것처럼 생각하는 사람도 있습니다. 바닷길을 연결해 국토가 8,500킬로미터, 4천 킬로미터가 되는 나라의 사람과, 서울에서 부산까지 400킬로미터인 이 땅의 우리가 생각하는 사고방식이 같을 수 있겠습니까?

　이 말씀을 드리는 것은, 그러므로 우리가 청년들을 잘 가르쳐 과거 제국주의 시대처럼 남의 땅을 정복하자는 뜻에서가 아닙니다. 우리 선조들이 조선 땅에서 불의를 몰아내고 정의를 구현하지 못한 결과, 일본에 36년 동안 나라를 빼앗겼습니다. 오늘날 정부는 청년들에게 두 눈을 심어 주지 못하고 있습니다. 교회마저 젊은이들에게 이 세계를 바라보는 두 눈을 심어 주지 않으면, 한반도를 둘러싼 중국,

러시아, 일본, 미국으로부터 조국이 지켜지겠습니까? 두 눈을 지닌 사람만 주님의 사람이 될 수 있습니다. 베드로는 변화산에서 죽음이 하늘나라에 가기 위한 관문임을 보지 못하고, 예수님의 모양이 신비롭게 변화된 것만 주목하는 외눈을 가지고 있었습니다.

마가복음 8장 31절에서 예수님께서 제자들에게 분명하게 말씀하셨습니다.

인자가 많은 고난을 받고 장로들과 대제사장들과 서기관들에게 버린 바 되어 죽임을 당하고 사흘 만에 살아나야 할 것을 비로소 그들에게 가르치시되

이 말씀을 들은 제자들은 예수님께서 죽으신다는 사실에만 외눈이 박혔습니다. 그래서 베드로가 예수님께 그런 말씀을 하시지 말라고 항변했습니다. 그러자 예수님께서 베드로에게 "사탄아, 물러가라"며 꾸짖으셨습니다. 우리가 하나님을 믿는다고 하면서도 두 눈으로 살아가지 않으면, 오히려 하나님의 뜻을 거스르게 될 수도 있습니다.

아브라함과 롯, 두 집안은 가축 떼가 많아져 함께 지낼

수 없게 되었습니다. 그들이 함께 거하던 땅은 하나님께서 아브라함에게 주신 땅이었음에도 아브라함이 조카 롯에게 "네가 좌하면 나는 우하고 네가 우하면 나는 좌하리라"(창 13:9)며 선택권을 먼저 행사하게 했습니다. 롯이 보니 소돔과 고모라가 마치 에덴동산과 같았습니다. 그러나 그곳은 실은 하나님 앞에서 죄악의 도시였습니다. 소돔과 고모라처럼 인간의 욕정을 좇아 살면 반드시 패망의 길에 이르게 됨을 볼 수 있어야 하는데, 멋지고 화려한 겉모습만 보는 외눈을 가진 롯은 파멸을 피할 수 없었습니다.

바울의 고향은 다소입니다. 오늘날 튀르키예에 있는 그곳을 찾아가면 소위 바울의 생가라고 하는 유적 터가 있습니다. 제가 '소위'라는 단어를 쓴 이유는, 바울이 정말 태어난 집이 아니라 바울이 살던 시대의 집 구조를 보여 주는 그곳에 튀르키예 사람들이 바울의 생가라고 이름 붙여 놓았기 때문입니다. 제가 그곳에 갔을 때 눈물이 핑 돌았습니다. 그곳이 바울의 생가냐 아니냐와는 상관이 없었습니다. 2천 년 전 실제로 그 다소에서 태어나 활동했던 바울의 음성이 들렸기 때문입니다.

우리가 주목하는 것은 보이는 것이 아니요 보이지 않는 것이니 보이는 것은 잠깐이요 보이지 않는 것은 영원함이라(고후 4:18)

당시 바울 같은 학력에, 바울 같은 경력에, 유대교의 줄이나 로마제국의 줄을 잡으면 충분히 세상에 이름을 떨칠수 있었습니다. 일평생 부귀영화를 누릴 수 있었습니다. 그런데 바울에게는 두 눈이 있었습니다. 보이는 것을 보는 한눈, 영원을 보는 또 다른 눈. 이 영원 앞에서 보이는 모든 것은 사라지고 맙니다. 그는 세상의 줄을 잡지 않았습니다.

우리가 있는 이곳에 예배당이 보입니다. 훌륭한 예배당입니다. 이 예배당이 눈에 보인다는 것은 예배당이 이미 쇠퇴 중에 있다는 것입니다. 새 집을 짓는다고 하십시다. 눈에 보일 것입니다. 짓는 순간부터 그 집은 쇠퇴하고 있는 것입니다. 눈에 보이는 것은 다 사라집니다. 눈에 보이는 것만 보는 외눈을 가지면, 여러분은 평생 '나의 주님'이라고 고백하면서 주님을 제한하고 제어하는 사람은 될 수 있을지언정, 눈이 오나 비가 오나 폭풍이 몰아치나 주님께 순종하고 지족하고 자족하는 주님의 사람으로 살아갈 수는 없습니다.

인생은 짧은 것입니다. 인생은 손바닥 길이에 지나지 않습니다. 여러분이 아무리 거리를 활개치고 다녀도, 99.99퍼센트의 사람들에게 여러분은 그림자에 지나지 않습니다. 여러분이 아무리 바쁘게 많은 일을 한다 해도 하나님 앞에서는 허사일 뿐입니다. 재산을 태산같이 쌓는다 해도 100년 후에 그것이 누구의 것이 될는지 알 수 없습니다. 인생은 헛되고 헛되며 헛되고 헛되니, 모든 것이 헛됩니다.

우리 모두 주님께만 소망을 드리십시다. 우리 모두 테바의 사람, 엑소도스의 사람, 에네의 사람이 되십시다. 그때 우리가 이 땅에서 아무리 보잘것없고 미약하다 할지라도, 영원하신 하나님의 섭리는 우리를 통해 이 시대와 이 땅의 역사 속에 반드시 결실될 것입니다.

———

주님, 주님께서는 죽기까지 하나님께 순종하신 테바의 주님이셨습니다. 주님께서는 죽음을 두려워하지 않으신 엑소도스의 주님이셨습니다. 주님께서는 두 눈으로 십자가의 죽음과 부활을 동시에 보신 에네의 주님이셨습니다.

주님, 지금부터 우리 모두가 주님의 사람으로 살아가게 해주십시오. 그리하여 한 뼘 길이밖에 되지 않는 우리의 인생이 지금부터 영원에 접속한 영원한 삶이 되게 해주십시오. 예수님의 이름으로 기도드립니다. 아멘.

2014. 11. 22.
뉴저지 펠리세이드교회 창립 30주년 부흥성회

주님의 교회

1 안디옥 교회에 선지자들과 교사들이 있으니 곧 바나바와 니게르라 하는 시므온과 구레네 사람 루기오와 분봉 왕 헤롯의 젖동생 마나엔과 및 사울이라 **2** 주를 섬겨 금식할 때에 성령이 이르시되 내가 불러 시키는 일을 위하여 바나바와 사울을 따로 세우라 하시니 **3** 이에 금식하며 기도하고 두 사람에게 안수하여 보내니라

사도행전 13장 1-3절

주님께서 제자들에게 "너희는 나를 누구라 하느냐"라고 물으셨습니다. 베드로가 대답하기를 "주는 그리스도시요 살아 계신 하나님의 아들이시니이다"라고 대답했습니다(마 16:15-16). 주님과 베드로의 이 문답은 아무도 없는 허허벌판이나 세상과 격리된 심산계곡에서 이루어진 것이 아니었습니다. 이는 우리가 잘 아는 것처럼 가이사랴 빌립보에서 있었던 문답입니다. 가이사랴 빌립보는 분봉왕 헤롯 빌립이 이스라엘 북방에 있는 헤르몬 산기슭에 신도시를 건설하고 거기에 로마 황제의 칭호인 '카이사르'와 자기 이름인 '필립'을 붙여 명명한 도시입니다.

당시 황제의 이름이나 칭호를 붙인 도시가 로마제국에 상당히 많았지만, 아무 도시에나 황제의 이름 혹은 칭호를 붙일 수 없었습니다. 반드시 두 가지 조건이 선행되어야 했습니다. 첫째, 도시의 규모가 로마 황제의 위용에 걸맞게 큰 규모여야 했습니다. 둘째, 도시의 한가운데 혹은 가장 높은 곳이나 가장 중요한 지점에 황제를 모시는 황제의 신전이 있어야 했습니다. 가이사랴 빌립보에 카이사르 칭호가 붙었다는 것은 이 두 조건이 충족되었음을 의미합니다. 즉 가이사랴 빌립보는 거대한 규모의, 황제의 도시였던 것입니다.

황제의 도시 한복판에서

여러분, 우리가 영화를 통해서 과거 로마제국 시대의 이야기를 보게 되는데, 그 영화 속에 나오는 도시들 규모가 얼마나 큽니까? 얼마나 화려합니까? 그 웅장하고 화려한 황제의 도시에서 예수님께서 열두 명의 제자를 데리고 나타나신 모습을 한번 상상해 보십시오.

황제의 도시에 살고 있는 시민들의 옷차림은 얼마나 멋지겠습니까? 그들의 외모가 얼마나 세련되었겠습니까? 그에 비한다면, 나사렛 빈민 출신인 예수님의 몰골은 초라하기 짝이 없을 것입니다. 그분을 따르는 열두 제자들의 행색이야 말할 것도 없을 것입니다. 심하게 표현한다면, 그 황제의 도시 속에서 예수님과 그 일행은 거지들과도 같았을 것입니다.

바로 그곳에서 예수님께서 제자들에게 "너희에게 내가 대체 누구냐?"라고 물으신 것입니다. 그리고 베드로가 예수님을 향해 "당신이 '그리스도' 곧 구원자이시고, 당신이 '성자 하나님' 곧 하나님"이라 고백한 것입니다. 무슨 의미이겠습니까? 저 황제의 신전에서 인간의 경배를 받고 있는 로마 황제가 신이 아니라는 것입니다. 황제가 장악하고 있는 절대 권력, 그의 군사력이 우리를 구원해 줄 수 없다는 것입니다. "당신이 가진 것 없고 초라한 행색이어도, 나사렛 예수 당신만 우리를 구원하실 메시아시고 이 땅에 인간의 몸을 입고 오신 성자 하나님이십니다"라고 고백한 것입니다.

그 고백을 받으신 주님께서 반석과도 같은 베드로의 그 고백 위에 "내 교회를 세우리라"고 천명하셨습니다. 모든 그리스도인은 세상 속 황제의 논리가 아니라, 황제의 논리가 판을 치는 이 세상에서 주님을 따르는 사람이어야 함을 우리에게 일깨워 주시는 것입니다.

주님께서 반석과도 같은 베드로의 고백 위에 목사의 교회를 세우겠다고 말씀하시지 않았습니다. 베드로의 고백 위에 장로와 권사의 교회를 세우겠다고 말씀하시지 않았습니다. 베드로의 고백 위에 헌금 많이 하는 특정인의 교회를 세우겠다고 말씀하시지 않았습니다. 주님께서는 '내 교회' 즉 주님 당신의 교회를 세우겠다고 천명하셨습니다.

이 땅에 있는 모든 교회는 누구에 의해 세워졌든, 누가 교인이든 상관없이 모두가 주님께서 주인이신 주님의 교회입니다. 어느 교회이든 특정인이, 사람이 주인인 교회는 주님의 교회일 수 없습니다.

교회는 건물이나 제도가 아니라, 주님을 주인으로 모시는 사람들의 모임이라고 했습니다. 내가 섬기는 교회가 주님의 참된 교회가 되기 위해서는, 나 자신이 주님만을 주인으로 모시고 사는 그리스도인이 되어야 하는 것입니다. 바꾸어 말하면, 내 인생의 주어를 하나님으로 삼고, 나는 그 주어의 동사로 살아가는 것입니다. 동사는 언제든지 주어에 종속되어 있습니다. 동사는 결코 주어를 지배하려 하지 않습니다. 동사는 주어를 자기 동작을 위한 수단과 방법으로 삼지 않습니다. 동사는 언제나 주어에 순종합니다.

적어도 그리스도인이라면 이 원론적인 교회론을 다 알고 있습니다. 그럼에도 이 땅에 있는 수많은 교회들, 대부분의 교회라고 표현할 수 있을 만큼 많은 교회들이 내홍內訌을 겪고 있습니다. 아픔을 겪고 있습니다. 고통 속에 있습니다. 여러분, 정말 주님께서 주인이신 교회라면 아픔이 있을 수 없지 않겠습니까? 고통이 있을 수 없지 않겠습니까? 내홍을 겪을 수 없지 않겠습니까? 주님께서 우리의 주인

되신다고, 주님께서 내 인생의 주어가 되신다고 우리 모두 고백함에도 불구하고, 우리가 섬기는 교회가 왜 내홍을 겪고 아픔을 겪어야 하는 것입니까?

주후 381년에 교회는 니케아 콘스탄티노플 신조를 통해 교회를 이렇게 정의했습니다. "교회는 하나의 교회이고, 교회는 거룩한 교회이고, 교회는 사도적 교회이고, 교회는 보편적 교회임을 우리는 믿는다." 그 이후 이것이 교회의 참모습임을 우리는 알고 있습니다. 교회가 하나의 교회, 거룩한 교회, 사도적 교회, 보편적 교회를 이룬다면, 바꾸어 말해 교회를 이루고 있는 여러분과 제가 하나의, 거룩한, 사도적, 보편적 교회를 이루어 가는 그리스도인이 된다면, 그런 그리스도인들이 모여 있는 교회는 결코 분열되거나 내홍을 겪을 수 없다는 말입니다.

서로 섬김으로

첫째, '하나의 교회'란 무엇입니까? 하나의 교회라는 것은 교회의 숫자를 의미하지 않습니다. 이 세상에 숫자상으로 하나의 교회가 있어야 함을 뜻하지 않는다는 말입니다. 만약 이 세상에 숫자적으로 단 하나의 교회만 있어야 한다면, 그 교회는 최초에 2천 년 전 태동되었던 예루살렘 교회여야 할 것입니다. 그렇다면 주님을 믿는 그리스도인들은 주일마다 예배를 드리기 위해 예루살렘을 찾아가야 합니다. 하나의 교회여야 한다는 것은 지상에 아무리 많은 교회가 있다 할지라도 그 모든 교회, 그 모든 교회를 이루고 있는 그리스도인들이 믿는 믿음의 대상이 삼위일체 하나님 한 분이어야 한다는 것입니다. 그 하나님 한 분 이외에는 누구도 우리 믿음의 대상이 될 수 없다는 것입니다.

에베소서 4장 4-6절을 보시겠습니다.

몸이 하나요 성령도 한 분이시니 이와 같이 너희가 부르심의 한 소망 안에서 부르심을 받았느니라 주도 한 분이시요 믿음도 하나요 세례도 하나요 하나님도 한 분이시니 곧 만유의 아버지시라 만유 위에 계시고 만유를 통일하시고 만유 가운데 계시도다

여러분이 믿으시는 하나님과 제가 믿는 하나님이 다르다면, 하나의 교회일 수 없습니다. 지금 이 자리에는 여러 교회를 섬기는 분들이 모여 계십니다. 그럼에도 우리 믿음

의 대상이 한 분 하나님이시기에, 우리가 각각 다른 교회를 다니지만 각각의 그 다른 교회들은 다 예수 그리스도 안에서 하나의 교회를 이룰 수 있는 것입니다. 제가 섬기는 100주년기념교회는 미국 땅이 아니라 한국 땅에 있지만, 그럼에도 믿음의 대상이 한 분이시기에 여러분들 교회와 제가 섬기는 교회가 하나의 교회일 수 있습니다.

우리 모두가 하나의 교회를 이루어야 한다는 것이 구체적으로 무엇을 의미하는지 우리의 몸을 생각해 보면 그 의미를 좀더 잘 알 수 있습니다. 제 몸은 저 한 사람을 위한 몸입니다. 제 몸의 오장육부는 저 한 사람을 위한 지체입니다. 이 지체들이 어떻게 움직이는지 가만히 한번 생각해 보십시오. 이 지체는 한 사람인 저를 위해 서로 봉사합니다. 서로 섬깁니다. 왼손의 손등이 가려우면 오른손이 긁어 줍니다. 왼손 손가락들은 왼손 손등을 절대로 긁지 못합니다. 오른손 손등이 가려우면 왼손이 긁어 줍니다. 서로 섬기는 것입니다. 왜입니까? 한몸을 이룬 지체들이기 때문입니다.

배가 고프면 손이 음식을 가져다가 입에 넣어 줍니다. 입이 씹는 수고를 해주어 배를 채워 줍니다. 내가 잠을 자도 위장은 끊임없이 움직이면서 내 사지백체에 영양분을 공급해 줍니다. 내가 가고 싶은 곳이 있으면 발이 수고를 해 줍니다. 만약 몸에 있는 지체들 가운데 서로 섬기지 않는 지체가 있으면, 그 몸은 마비된 것입니다. 아니면 세포가 죽었거나, 나를 해치는 암세포일 것입니다. 사지백체의 모든 세포가 건강하게 살아 있다면, 서로 섬기게 되어 있습니다. 이것이 한몸을 이루는 지체의 특징입니다.

우리가 하나의 교회를 이루려면, 우리가 주님의 지체가 되어 서로 섬겨야 함을 의미합니다. 섬김을 받기만 하고 섬기려 하지는 않는다면, 그런 사람들이 모여서는 결코 하나의 교회일 수 없습니다. 주님의 지체가 아닌 까닭입니다. 주님께서 우리에게 주신 새 계명이 "내가 너희를 사랑한 것같이 너희도 서로 사랑하라"(요 13:34)는 것입니다. 크고 강한 사람이 작고 약한 사람을 사랑하라, 돈 많은 사람이 돈 없는 사람을 사랑하라, 권력 있는 사람이 권력 없는 사람을 사랑하라는 것이 아닙니다. '서로' 사랑하라는 것입니다. 가난한 사람도 부자를 사랑하고, 비천한 사람도 존귀한 사람을 사랑하라는 것입니다. 그때에만 그리스도의 한 지체가 되어 하나의 교회를 이룰 수 있습니다.

중요한 사실은, 교인 각자가 서로 섬겨 주님의 한 지체가 될 때에만 교회의 연륜이 거듭될수록, 바꾸어 말해 세월이 흘러 그 교회를 이루는 교인들이 나이가 들어갈수록 그 교회는 '어른'이 많은 교회가 된다는 것입니다. 서로 섬기지 않은 채 세월이 흘러가면 그 교회는 '노인'만 많은 교회가 됩니다. 노인과 어른은 결코 같은 말이 아닙니다.

인간은 어머니의 태 속에 잉태되었을 때부터 죽을 때까지 호칭이 달라집니다. 어머니 태 속에 있을 때는 '태아'로 불립니다. 갓 태어나면 '영아', 조금 지나면 '유아', 좀더 자라면 '소년', '소녀'로 불립니다. 그다음에는 '청소년'이 되고, '청년', '중년'으로 불리다가 50대 말경부터 두 가지 호칭으로 갈라지는 지점에 서게 됩니다. 한 길은 '노인'이라 불리는 길이고, 한 길은 '어른'이라고 불리는 길입니다.

노인은 건강하면 건강할수록 주위 사람을 괴롭힙니다. 노인의 특성은 자기 중심적이라는 것입니다. 세상 모든 사람들이 자기에게 맞추어 주어야 합니다. 어른은 나이가 들어 몸을 움직이지 못하고 병석에 누워 있어도 사람들로부터 존경을 받습니다. 어른은 다른 사람의 그늘이 되어 주는 사람이기 때문입니다. 어른은 남의 아픔을 알고, 남의 고통을 이해하는 사람입니다. 어른은 다른 사람의 등을 쓰다듬어 주는 손, 자기 주머니에 있는 것을 나누어 주는 손을 가진 사람입니다. 반대로 노인은 받기만 하는 사람입니다. 나이가 들어 어른과 노인으로 갈라지는 이 지점에 무엇이 있습니까? 내가 젊어서부터 내 손과 발로 다른 사람을 섬기는 삶을 체득했는가 그렇지 않았는가, 이것이 나이가 들면 어른과 노인을 구별되게 합니다.

그리스도인은 죄와 사망으로 영원히 멸망할 수밖에 없었으나 예수 그리스도의 십자가 보혈로 구원받은 사람들 아닙니까? 그래서 그리스도인은 근본적으로 하나님에 대한 감사가 삶의 토대를 이루고 있습니다. 구약성경에는 '여호와께 감사하라'는 명령이 여러 번 등장하는데, 히브리어로 '감사하다'를 뜻하는 동사 '야다יִדָה'는 '손'을 의미하는 '야드יָד'에서 파생했습니다. 이 '야드'는 '빈손'을 의미합니다. 움켜쥔 손은 자기를 위한 손입니다. 자기 것에 집착하는 손입니다. 젊어서부터 남을 위해 손을 펴지 않은 사람은 늙으면 늙어 갈수록 움켜쥡니다. 즉 노인이 되는 것입니다.

그러므로 히브리 동사 '야다'의 문자적 의미는 '감사의 대상에게 나의 빈손을 내미는 것'입니다. 하나님께 감사한다는 것은 하나님께서 사랑하시는 사람에게 내 손과 발을 내미는 것입니다. 그런 교인들이 있는 교회가 세월이 흘러갈수록 다른 사람의 고통을 이해하고 등을 쓰다듬어 주고 격려해 주고 자기 것을 아낌없이 나누고 그늘이 되어 주는 어른들로 충만한 교회가 될 수 있습니다. 어른들이 있는 교회는 결코 분열하지 않습니다. 노인들이 있는 교회는 분열되기 쉽습니다.

다른 파장으로

둘째, '거룩한 교회'란 무엇입니까? 사도 바울이 고린도교회 교인들에게 편지를 쓰면서 수신자인 고린도교회를 이렇게 정의합니다.

그리스도 예수 안에서 거룩하여지고 성도라 부르심을 받은 자들(고전 1:2중)

여러분, 우리가 서로 '성도님'이라고 부르지 않습니까? 왜 그렇습니까? 우리는 죄와 허물투성이지만 예수그리스도께서 당신의 보혈로 우리를 구원해 주시고 거룩한 하나님의 자녀로 구별해 주셨기 때문입니다. 그래서 우리에게는 거룩하게 살아야 할 의무가 주어진 것입니다. 이것이 곧 성화의 의무입니다.

여러분 가운데 대부분은 태어날 때 미국 시민으로 태어나지 않았습니다. 대한민국 국민으로 태어나시지 않았습니까? 그러나 미국 이민을 와서 미국 정부로부터 시민권을 받으면 미국 시민으로서의 의무를 다해야 합니다. 마찬가지입니다. 주님께서 우리를 하나님의 거룩한 백성으로 여겨 하나님 나라의 시민권을 주셨기에, 그 시민권을 지닌 사람답게 거룩한 삶을 살아야 되는 것입니다.

교회의 힘은 교인의 머릿수나 헌금 액수나 예배당 크기에서 나오지 않습니다. 오늘날 소위 청교도들에 의해 세워졌다는 이 미국 땅 요소 요소에 얼마나 교회가 많습니까? 그 교회들이 미국 사회를 변화시킬 수 있는 힘을 지니고 있습니까? 상실했습니다. 미국 교회는 더 이상 미국 사회를 변화시키지 못합니다. 지난해 미국 시민들에게 실시한 설문 결과를 보니 "나는 크리스천이 아니다"라고 응답한 사람이 50퍼센트가 넘었습니다. 미국은 이제 무늬만으로도 더 이상 기독교 국가가 아닌 것입니다. 가는 곳마다 예배당이 있는데 왜 이렇게 되었습니까? 교회가 세속화되면서 거룩을 잃었기 때문입니다.

교회의 힘은 거룩에서 나옵니다. 신약성경에 나오는 초대교회들이 웅장한 예배당이 있어서 세상을 변화시킨 것이 아닙니다. 그들에게 세상과 구별되는 거룩한 힘이 있었기 때문입니다. 그 힘이 로마제국을 뒤집어 놓았습니다.

제가 1998년부터 2001년까지 3년 동안 제네바 한인교회를 섬겼습니다. 제네바 한인교회 교인들 가운데 전문 성악인들이 있었습니다. 제네바 극장 오페라단에 소속되어 활동하던 분들이었는데, 그분들 가운데 제네바 콩쿠르에 참가한 분들이 있었습니다. 제네바 콩쿠르는 뮌헨 콩쿠르, 브뤼셀 콩쿠르, 프라하 콩쿠르와 더불어 세계에서 가장 오래된 콩쿠르입니다. 그래서 제네바 콩쿠르가 열리면 세계의 많은 성악인들이 모입니다. 제가 섬기는 교회 교우님들이 그 콩쿠르 결선까지 진출해 저도 그해 예선, 본선, 결선을 참관했습니다.

예선과 본선은 제네바 음악원의 큰 살롱에서 열렸습니다. 큰 살롱이라고 해봐야 200여 명 들어가는 공간입니다. 무대에 피아노가 한 대 있고, 출전하는 성악인들이 차례대로 나와서 피아노 반주에 맞추어 노래를 했습니다. 성악에

문외한인 저는 누가 노래를 잘하는지, 누가 뽑힐지 전혀 알수가 없었습니다. 예선에 참가한 분들 가운데 열다섯 명이 뽑혔고 본선을 거쳐 다섯 명이 결선에 올랐습니다.

결선은 제네바에서 가장 큰 극장인 빅토리아홀에서 열렸는데 1,644석이 갖춰져 있었습니다. 그리고 예선, 본선과 달리 스위스 로망드 오케스트라가 반주했습니다. 스위스 로망드 오케스트라도 세계에서 가장 오래된 오케스트라단 중 하나인데, 그날 무대 위에 있는 오케스트라 단원이 무려 70여 명이었습니다. 각기 다른 많은 악기들을 연주한다면 그 소리가 얼마나 웅장하겠습니까? 그 연주 속에서 다섯 명의 성악인이 지정곡 한 곡, 자유곡 한 곡, 이렇게 두 곡을 불렀습니다. 저는 마지막 순간에 표를 구해 객석 왼쪽 제일 뒤에 앉았습니다.

그런데 예선, 본선 때는 누가 노래를 잘하는지 전혀 구별할 수 없었는데, 그 큰 극장에서 결선을 할 때는 누가 잘하고 누가 못하는지 금방 구별할 수 있었습니다. 제가 알기로 제네바 콩쿠르뿐 아니라 웬만한 세계적인 콩쿠르는 결선은 오케스트라가 연주하는데, 이유는 간단합니다. 결선답게 규모를 크게 하기 위함이 아닙니다. 그 큰 오케스트라의 연주 소리를 뚫고 성악인의 노랫소리가 객석으로 전달되는지 안 되는지 확인하기 위함입니다. 실제로 어떤 사람의 노래는 제 귀에 잘 들리지 않았지만, 어떤 사람의 노래는 악기들이 연주하는 웅장한 소리를 뚫고 제일 뒤에 앉아 있는 저의 폐부까지 스며들었습니다.

그날 미국 출신 음악가와 독일 출신 음악가가 공동 1위를 했습니다. 보통 콘테스트에서 공동 1위가 있으면 2위가 없지 않습니까? 그다음은 3위가 되기 마련인데, 이례적으로 한국 여성 성악가가 2위를 했습니다. 공동 1위 다음으로 2위를 한 것입니다. 그만큼 이분이 노래를 잘했던 것입니다. 저 개인적으로는 한국인 성악가가 훨씬 더 노래를 잘한 것 같았습니다. 이유는 미국 성악인과 독일 성악인은 전부 장신이며 체격이 당당했습니다. 그러한 체격에서 나오는 소리가 오케스트라 소리를 뚫고 나오는 것은 상대적으로 쉬운 것 같았습니다. 한국 여성은 키가 1미터 60센티미터도 안 되는 단신에 아주 마른 사람입니다. 고음이 많은 노래를 부른 것도 아닙니다. 때로는 저음으로 속삭이듯 노래를 부르는데 그 소리가 오케스트라 소리를 뚫고 정확하게 전달되었습니다. 여러분, 신비하지 않습니까? 어떻게 한 사람의 목소리가 수많은 악기가 내는 그 큰 연주 소리를 뚫고 나올 수 있겠습니까?

이유는 한 가지입니다. 성악인이 부르는 노래의 파장이 오케스트라의 파장과 다르기 때문입니다. 성악인의 음성 파장이 오케스트라의 파장과 똑같은 경우에는 더 큰 연주 소리에 노래가 파묻혀 버렸습니다. 같은 파장일 때는 작은 소리가 큰 소리에 파묻힙니다. 그러나 그 파장과 다른 파장을 지니면 그 다른 파장이 오케스트라 연주를 뚫고 한 사람 한 사람에게까지 전달되는 것입니다.

그날 오케스트라 소리를 뛰어넘는 노랫소리를 들으면서 판소리를 하는 분들이 득음 과정에서 폭포 훈련을 하는 것이 생각났습니다. 득음을 위해 폭포 뒤에서 목청을 훈련하는데 목소리가 폭포 소리를 뚫고 나오면 득음한 것입니다. 어떻게 사람의 소리가 폭포 소리를 뚫고 나올 수 있겠습니까? 다른 파장을 지니면 폭포 소리를 뚫고 나오는 것입니다. 저는 예전에 그렇게 득음한 분의 소리를 바로 면전에서 들었던 적이 있는데, 온몸이 전율하는 것 같은 감동을 받았습니다.

여러분이 돈의 파장을 좇으려 하면 빌 게이츠 앞에서 열

등감을 느낄 수밖에 없습니다. 여러분이 권력의 파장을 좇으려 하면 오바마 대통령 앞에서 100전 100패할 것입니다. 여러분은 권력과 돈을 초월하는 거룩한 파장을 세상 속에 전파하는 그리스도인이 되어야 합니다. 그러한 사람들이 모여 있는 교회가 거룩합니다. 그 거룩보다 힘센 것은 없습니다. 그 거룩이 나를 변화시킬 뿐만 아니라, 교회를 변화시키고 세상을 변화시킵니다. 성경에 등장하는 모든 신앙 위인들은 거룩의 파장을 지녔던 분들입니다. 그래서 교회는 거룩한 교회가 되어야 하는 것입니다.

말씀에 동여맴으로

셋째, '사도적 교회'란 무엇입니까? 모든 교인을 사도로, 선교사로 파송하는 교회가 되어야 한다는 의미입니까?

에베소서 2장 20절 말씀을 보십시다.

너희는 사도들과 선지자들의 터 위에 세우심을 입은 자라 그리스도 예수께서 친히 모퉁잇돌이 되셨느니라

교회는 사도들의 터 위에 세워지고 예수 그리스도를 모

툉잇돌로 삼은 공동체라는 것입니다. 사도들이 우리에게 전해 준 터가 무엇입니까? 바로 말씀의 터입니다. 교회가 사도적이어야 된다는 것은 사도들이 참수형을 당하면서까지 우리에게 전해 준 예수 그리스도의 복음, 그 말씀을 우리의 주인으로 모시는 교회가 되어야 한다는 것입니다. 주님을 주인으로 모신다는 것은 로고스이신 그분의 말씀을 내 인생의 주어로 삼는 것입니다.

신약성경은 사복음서로 시작됩니다. 복음서의 핵심은 베드로의 고백처럼 예수님께서 그리스도이시고 성자 하나님이시라는 것입니다. 그 복음서 다음에 사도행전이 이어집니다. 사도행전은 이 땅 위에서 교회가 어떻게 태동되고 어떻게 발전되었는지 교회의 역사를 보여 주는 기록입니다. 성경의 이 순서가 중요합니다. 언제든지 가장 앞서야 할 것은 복음, 말씀입니다. 어떤 경우에도 교회가 복음을 앞서면 안 됩니다. 교회가 중요하다면 그 자체가 중요해서가 아니라, 가장 중요한 복음의 통로가 되기 때문에 중요한 것입니다.

'선先복음 후後교회'여야 하는데 많은 교회들이 '선先교회 후後복음'으로 순서를 뒤바꾸는 경향이 있습니다. 교회의 부흥을 위해, 교회가 목적하는 바를 위해 말씀을 수단으로 삼을 때 그렇습니다. 그렇게 해서 겉보기에 부흥은 될 수 있을지 모르지만 그 교회를 통해 로고스가 생명으로 역사할 수는 없습니다.

독일의 종교학자 요하임 바흐가 신앙 체험의 본질적 요소를 네 단어로 정의했습니다. 첫째가 '궁극성ultimacy'입니다. 하나님에 대한 신앙 체험은 인간과는 전혀 다른 궁극적 존재에 대한 체험이라는 것입니다. 그러니까 이 세상에서 사람과의 관계에서 경험할 수 있는 그 어떤 경험과도 같지 않다는 것입니다.

둘째가 '전체성totality'입니다. 하나님에 대한 체험은 내 삶의 한 부분에서만 일어나는 것이 아니라 내 삶 전반에 걸쳐 일어난다는 것입니다. 젊은 처녀 총각이 만나 서로 호감을 느끼고 있다고 하십시다. 남자가 여자에게 처음으로 사랑을 고백했는데, 여자가 그 고백을 받아들였습니다. 집으로 돌아가는 남자의 모습을 머릿속에 한번 그려 보십시오. 입만 웃는 것이 아니라 머리끝에서 발끝까지 마냥 기뻐서 어쩔 줄을 몰라 할 것입니다. 남녀 간의 사랑을 고백하고 확인해도 삶 전체에서 그 영향이 나타나는데, 천지를 창조하신 하나님을 체험한다면 그 체험이 삶 전반에 걸쳐 일어나지 않을 수 없음은 두말할 나위가 없습니다.

셋째가 '강렬함intensity'입니다. 하나님에 대한 체험은 이 세상에서 인간이 할 수 있는 그 어떤 체험보다도 더 강렬하다는 것입니다.

마지막 넷째가 '행함action'입니다. 하나님을 체험한다는 것은 궁극적인 것이요, 전체성을 가진 것이요, 강렬함을 지녔기에, 그 체험은 반드시 행함으로 드러나지 않을 수 없다는 것입니다. 여러분이 정말 주님을 체험하고, 주님을 주인으로 모셨다면, 그 주님을 주어로 삼아 동사로 살아가지 않을 수 없습니다.

세계에서 가장 정확한 문법과 제일 풍부한 어휘를 가진 언어로 프랑스어가 꼽힙니다. 그런데 그 프랑스어로 '하나님의 말씀대로 살아간다'는 표현을 이렇게 표현합니다. '메트르 레 빠올르 앙 악트Mettre Les Paroles en actes.' 이것을 영어로 번역하면 'Put the Words into action'입니다. 하나님의 말씀대로 살아간다는 것은 나의 'action' 속에 하나님의 말씀을 집어넣는 것이라는 의미입니다. 내 손에 하나님의 말씀을 집어넣는 것입니다. 내 발에 하나님의 말씀을 집어넣는 것입니다. 그래서 내가 무엇을 하든 사람들에게는 하나님의 말씀이 보이게 되는 것입니다.

요즘 〈동아일보〉에 국정원장을 지낸 이종찬 선생의 회고록이 매주 연재되고 있습니다. 그 회고록을 보면, 아시는 분은 아시겠지만 예전에 잘 알려져 있던 사실이 다시 게재된 것을 보게 됩니다. 박정희 대통령 시절에 미국의 존슨 대통령이 한국을 방문했습니다. 그때는 시내에 특급 호텔이 없어 만찬이 워커힐에 별도의 빌라에서 있었습니다. 그런데 만찬 도중 갑자기 정전이 되었습니다. 참 망신스러운 상황이었습니다. 정전이 되는 순간 후다닥 하는 소리가 났는데 아무도 그게 무슨 소리인지 몰랐습니다. 그리고 한참 있다가 불이 들어왔습니다.

그런데 존슨 대통령이 보이지 않았습니다. 박정희 대통령은 그냥 혼자 우두커니 있었습니다. 알고 보니, 불이 꺼지는 순간 미국 경호원들이 존슨 대통령을 구석으로 옮긴 것이었습니다. 우리나라 경호원들은 대통령을 혼자 내버려 둔 것입니다.

여러분, 성경 곳곳에 말씀을 지키라고 기록되어 있습니다. 지킨다는 것이 무엇입니까? 미국 대통령의 경호원들이 미국 대통령을 지키기 위해 자기 생명을 던지듯이, 말씀이 드러나기 위해 나의 행동으로 그 말씀을 지키라는 것입니다. 그러면 그 말씀이 나를 지키게 됩니다. 내가 말씀을 손발로 지키면, 내 손발을 통해 그 말씀이 '육화incarnation', 육신을 입는 것입니다. 그런 교회가 세상을 살리지 않겠습니까? 그런 그리스도인들이 사람의 인생을 새롭게 하는 주님의 통로가 되지 않겠습니까?

사도 바울이 3차 전도여행을 하면서 '내가 이제 내 인생을 마지막으로 던질 곳이 로마제국의 수도 로마구나' 하는 사실을 깨달았습니다. 이제부터 만나는 사람을 다시는 이 지상에서 못 본다는 것을 알았습니다. 그래서 에베소의 장로들을 밀레도로 불러 자기 나름대로 이 세상에서 마지막 유언을 전해 주었습니다.

그 유언 가운데 사도행전 20장 30절이 있습니다.

여러분 중에서도 제자들을 끌어 자기를 따르게 하려고 어그러진 말을 하는 사람들이 일어날 줄을 내가 아노라

지금 바울의 이 말을 듣는 대상은, 바울이 에베소에 가서

복음을 전하여 주님을 영접하고 신앙이 자라나 바울이 자기 손으로 그들의 머리 위에 안수하며 장로로 세웠던 사람들입니다. 그런데 자기 손으로 장로로 세운 사람들을 앉혀 놓고 이제 이 세상에서 작별하는 마지막 유언을 남긴다면 덕담을 해주어야 하지 않겠습니까?

'저는 이제 여러분을 다시 못 봅니다. 그러나 내가 떠나간 뒤 여러분 모두 내가 했던 것처럼 하나님의 말씀을 지키기 위해 생을 던질 줄로 나는 믿습니다.' 이렇게 말해야 하지 않겠습니까?

그런데 뭐라고 이야기하느냐면 '여러분 중에 자기를 따르게 하려고 어그러진 말을 하는 사람이 나타날 줄 내가 압니다'라고 했습니다. '어그러진 말'이란 헬라어로 '디아스트렙호διαστρέφω' 즉 '왜곡시킨다'는 의미입니다. 여러분 가운데 하나님 말씀의 동사가 아니라 자기 욕망, 자기 야망을 위해 말씀의 주어가 되어 말씀을 왜곡시키는 사람이 나올 것이라는 경고였습니다.

우리는 다 죄성을 지니고 있습니다. 하나님의 말씀에 자신을 동여매려는 굳은 의지를 날마다 실행하지 않으면, 우리는 언제든지 말씀을 왜곡하는 어리석음을 자기도 모르게 범할 수 있습니다. 우리 모두가 아담과 하와의 후예들이기 때문입니다.

사탄이 하와에게 말하지 않았습니까? "하나님이 참으로 너희더러 동산 모든 나무의 실과를 먹지 말라 하시더냐"(창 3:1). 유혹하는 것이었습니다. 하나님께서는 말씀하시기를 "동산 각종 나무의 실과는 네가 임의로 먹되 선악을 알게 하는 나무의 실과는 먹지 말라 네가 먹는 날에는 정녕 죽으리라"(창 2:16-17)고 하셨었습니다. 그러나 하와는 사탄에게 이미 마음을 빼앗겨 "동산 나무의 실과를 우리가 먹을 수 있으나 동산 중앙에 있는 나무의 실과는 하나님의 말씀에 너희는 먹지도 말고 만지지도 말라 너희가 죽을까 하노라 하셨느니라"(창 3:2-3)고 사탄에게 대답했습니다.

하나님께서는 정녕 죽으리라고 말씀하셨는데 이미 하와는 먹고 싶은 마음이 있어 '설마 죽을까?'라고 생각하며 하나님의 말씀을 뒤집은 것입니다. 우리는 그 하와의 후예들입니다. 자신이 하나님의 말씀에 열심을 낸다고 하면 할수록 실은 하나님의 말씀을 비틀기가 쉽습니다. 하나님의 말씀을 좇아 산다는 것은 이 말씀으로 날마다 자기를 부인해 가는 것입니다. 날마다 말씀을 지키는 것입니다. 그래서 다른 사람들에게 내가 보이는 것이 아니라 말씀이 보이게 하는 것입니다. 그때 우리 각자는 사도적인 그리스도인이 되고, 우리의 교회는 세상을 살리는 사도적인 교회가 될 수 있습니다.

안디옥 교회의 위대함

마지막 넷째, '보편적 교회'란 무엇입니까? 니케아콘스탄티노플 신조는 라틴어로 기록되어 있는데, 우리말로 번역된 '보편적 교회'는 라틴어 원문에 '에클레시암 카똘리깜ecclesiam catholicam'이라고 되어 있습니다. 이를 영어로 번역하면 'Catholic Church'입니다. 모든 교회는 Catholic Church가 되어야 한다는 것입니다. 그런데 로마 천주교회가 처음부터 Catholic Church라는 용어를 썼기 때문에 1517년에 나온 개신교는 그 용어를 쓰지 않기 위해 '에클레시암 카똘리깜'을 'Universal Church'라고 번역했습니다. Catholic Church와 Universal Church 모두 우리말로 번역하면 보편적 교회입니다.

보편적 교회란 남녀노소 빈부귀천이 차별되지 않고 모두가 한데 어우러지는 교회를 말합니다. 오늘날 미국 땅에서 보편적 교회를 만나 보기가 쉽습니까? 백인 교회와 흑인 교회가 따로 있습니다. 백인과 흑인이 한데 어우러져 있는 교회를 찾기가 쉽지 않습니다. 이는 보편적 교회가 아닌 것입니다. 서울에도 부자들이 가는 교회가 따로 있습니다. 가난한 빈민들이 가는 교회가 따로 있습니다. 이것 역시도 보편적 교회가 아닌 것입니다. 지금도 보편적 교회를 만나 보기가 어려운데 2천 년 전 교회가 보편적 교회를 이룬다고 하는 것은 그야말로 혁명적인 것이었습니다. 당시는 계급사회였기 때문입니다. 노예와 주인이 교회에서 한데 어우러져 주님의 몸 된 교회를 이룬다는 것은 혁명적인 발상이었던 것입니다. 보편적인 교회를 이룬다는 것이 그리스도인 개개인에게도 쉬운 일이 아닙니다. 다른 사람이 어떻게 하든 내 손과 발로 그들을 섬겨 내가 주님 앞에서 하나의 교회가 된다고 하는 것, 세상 모두가 모로 가더라도 나는 예수님을 따라 거룩한 파장을 발해 거룩한 교회가 된다고 하는 것, 세상 사람들은 주님의 말씀을 어그러뜨려도 나는 그 말씀을 경호원처럼 지켜 사도적 교회가 된다고 하는 것은 모두 개인적인 영성의 문제입니다. 그런데 함께 어우러져 보편적 교회를 이룬다는 것은 인간관계의 문제입니다.

세상에서 가장 어려운 것이 인간관계 아닙니까? 그 인간관계에서 이념, 나이, 학벌, 직업, 지역, 출신을 넘어 한데 어우러지는 것은 지극히도 어려운 일입니다. 그런데도 왜 교회가 보편적 교회를 이루지 않으면 안 됩니까? 우리가 주님으로 모신 예수 그리스도께서 특정 부류의 사람들을 위해 오신 것이 아니라 만민의 구원자로 오셨기 때문입니다. 그래서 나 같은 사람도 구원받게 된 것입니다.

이뿐만 아니라 주님께서 이 땅에 계실 때 주님 주위에 모든 부류의 사람들이 한데 어우러져 있었기 때문입니다. 주님의 제자들 가운데는 열심당원 시몬이 있었는가 하면 세리 마태도 있었습니다. 시몬은 무력을 이용해 로마제국을 몰아내고 정치적 자유를 쟁취해야 한다고 믿는 혁명분자였습니다. 반대로 마태는 유대인들로부터 세금을 짜내어 로마제국에 바치고 중간에서 착복하는 불의한 세리였습니다. 열심당원 시몬의 입장에서 보면 유대인들로부터 고혈을 짜내 로마제국에 바치는 불의한 세리 마태는 반드시 제거해야 할 공적 1호였습니다. 마태의 입장에서 시몬은 천하대세를 알지 못하고 칼 한 자루로 독립을 얻겠다고 날뛰는 철부지 어린아이에 불과했습니다. 이 두 사람은 절대로 한자리에 앉을 수 없는 사람들이었습니다.

그런가 하면 갈릴리의 가난한 어부 베드로, 아리마대 지방의 재벌 요셉, 비천한 창녀 막달라 마리아, 존귀한 신분의 니고데모, 이 세상에서는 절대 한 식탁에 앉을 수 없는 사람들, 얼굴을 대면할 수도 없는 부류의 사람들이 예수 그리스도 안에서, 예수 그리스도로 인해, 예수 그리스도를 힘입어, 모두 한데 어우러져 보편적 교회를 이루었습니다. 그러므로 예수 그리스도를 주님으로 모셨다면 이 땅의 모든 교회는 보편적 교회가 되어야 하는 것입니다.

중요한 것은 교회가 보편적 교회를 이룰 때에만 비로소 하나의 교회, 거룩한 교회, 사도적 교회도 결과적으로 이루어질 수 있다는 것입니다. 흑인과 백인이, 가난한 사람과 부유한 사람이, 못 배운 사람과 배운 사람이 한데 어우러져 한 분이신 주님을 믿음으로 하나의 교회가 될 수 있고, 세상에서는 어우러질 수 없는 그들이 그리스도 안에서 한데 어우러짐으로 비로소 거룩한 파장을 발할 수 있고, 그것이 말씀 안에서 가능해짐으로 사도적 교회가 될 수 있다는 것입니다.

우리가 사도신경으로 우리의 신앙을 고백할 때마다 뭐라

고 고백합니까? '거룩한 공회를 믿사오며'라고 합니다. 그 '공회'가 라틴어의 '에클레시암 카똘리깜'입니다. 우리가 예배드릴 때마다 사도신경을 통해 '주님, 거룩한 에클레시암 카똘리깜을 믿습니다'라고 고백하는 것입니다. 무슨 의미입니까? '내가 속한 교회가 보편적 교회가 되어야 함을 믿습니다', 바꾸어 말하면 '우리 교회를 이루고 있는 나 자신이 먼저 보편적 교회가 되겠습니다'라고 결단하는 것입니다. 내가 보편적 그리스도인이 되지 않으면, 내가 속해 있는 교회가 결단코 보편적 교회가 될 수 없기 때문입니다.

그러면 이 보편적 교회는 이론 속에서만 가능합니까? 인류 역사 속에서 과연 이 보편적 교회가 완전무결하게 세워졌던 적이 있습니까?

사도행전 13장 1절이 이렇게 증언합니다.

안디옥 교회에 선지자들과 교사들이 있으니 곧 바나바와 니게르라 하는 시므온과 구레네 사람 루기오와 분봉 왕 헤롯의 젖동생 마나엔과 및 사울이라

안디옥 교회의 선지자들과 교사들 명단입니다. 성경에

는 당회라는 말이 없습니다. 당회원이라는 말도 없습니다. 그 시대에는 교회를 이끄는 지도자들을 "선지자"와 "교사" 라고 불렀습니다. 지금 용어로 한다면 안디옥 교회의 당회원 명단입니다. 사도행전 11장 20절을 보면 이 안디옥 교회를 세운 사람들이 누군지 확인할 수 있습니다.

> 그중에 구브로와 구레네 몇 사람이 안디옥에 이르러 헬라인에게도 말하여 주 예수를 전파하니

"몇 사람"으로 번역된 이 말은 헬라어 원문으로 '티네스 안드레스τινες ἄνδρες'이며 '어떤 사람들'이라는 의미입니다. 이 익명의 그리스도인들이 용기 있게 이방 땅 안디옥에 가서 이방인들에게도 과감히 복음을 전함으로, 2천 년 기독교 역사상 가장 중요한 획을 그은 시리아의 안디옥 교회가 지상에 출현한 것입니다.

그런데 사도행전 13장 1절을 다시 살펴보면, 안디옥 교회의 당회원 명단은 있는데 안디옥 교회를 세운 그 '어떤 사람들'의 이름은 나타나 있지 않음을 알 수 있습니다. 이것이 무엇을 의미하겠습니까? 안디옥 교회를 세우시는 주

님의 도구로 쓰여진 그들은 안디옥 교회를 계속 다니지만 다른 사람을 뒤에서 밀어주는 역할을 한 것입니다. 자신들보다 더 적합한 선지자들과 교사들을 교회의 전면에 배치해 그들로 하여금 교회를 이끌어 가게 한 것입니다. 만약 그 교회를 세운 '티네스 안드레스'가 죽을 때까지 교회를 좌지우지하려 했다면, 지금 이 명단에 있는 사람들과 함께 보편적 교회를 이루지 못했을 것입니다.

예수님께서 요한복음 15장 5절에서 "나는 포도나무요 너희는 가지라" 하고 말씀하셨습니다. 이 포도나무 비유를 흔히 교회론으로 해석합니다. 앞서 말씀드렸듯이 교회는 주님의 몸이라는 것입니다. 초대교회도, 팰리세이드교회도, 100주년기념교회도 다 주님의 몸 된 교회의 지체들입니다. 팰리세이드 한 교회를 놓고 보면 교회를 이루는 각 교인들이 지체들인 것입니다. 그런데 주님께서 교회를 설명하실 때 화려한 대리석이나 황금으로 표현하지 않고 왜 나무에 비유하셨습니까? 나무를 가만히 생각해 보십시오. 땅속에서 순이 나오고 줄기가 나오지 않습니까? 그리고 첫 번째 가지가 나옵니다. 두 번째 가지가 어디에 들러붙습니까? 첫 번째 가지 밑으로 붙는 것이 아니라 두 번째 가지는 첫 번째 가지 위로 올라갑니다. 세 번째 가지는 더 위에 올라갑니다. 어떤 나무든지 제일 윗자리는 제일 마지막에 나온 가지가 차지합니다. 첫 번째 나온 가지는 언제나 제일 밑자리입니다. 나무를 보면 첫 번째 가지는 거의 보이지 않습니다. 가장 두드러져 보이는 가지는 위에 있는 가지들입니다.

보편적 교회를 이루는 기본 원칙은 오래된 교인들, 즉 교회가 세워질 때 주님의 도구로 쓰임받았던 교인들일수록 밑가지가 되는 것입니다. '누구든지 들어오십시오. 누구든지 들어와서 마음껏 봉사하십시오. 우리가 밑가지가 되어 주겠습니다.' 이러한 마음가짐으로, 새로 들어온 교인들이 더 열심히 주님을 섬기면서 가장 두드러져 보이는 윗가지가 되게 하는 교회가 보편적 교회를 이룰 수 있는 것입니다.

안디옥 교회 명단을 다시 보십시다. 안디옥 교회에 선지자들과 교사들이 있으니 곧 바나바와 니게르라 하는 시므온과 구레네 사람 루기오와 분봉 왕 헤롯의 젖동생 마나엔과 및 사울이라

첫 번째 당회원 이름이 "바나바"입니다. 바나바는 사이

프러스 구브로 출신의 정통파 레위인입니다. 예루살렘 모교회가 안디옥으로 파송한 초대 목사입니다. 당연히 당회원이 될 자격을 지니고 있습니다. 두 번째 인물이 "니게르라 하는 시므온"입니다. 바나바에 대해서는 사도행전 앞부분에 상세한 설명이 있어 우리가 잘 알 수 있는데, 두 번째 인물인 니게르라 하는 시므온은 직업이 뭔지, 학력이 어느 정도인지 아무것도 알 수 없습니다. 성경에 나와 있는 건 한 가지, '니게르라 하는 시므온'이라는 표현뿐입니다. 니게르에서 나온 말이 '니그로Negro'입니다. 시므온은 흑인이었다는 것입니다. 2천 년 전 흑인은 거의 모두가 노예였습니다. 그처럼 철저한 계급사회에서 정통파 레위인 바나바와 같이 당회원을 이룬 사람이 흑인 노예 출신의 시므온이었던 것입니다.

세 번째 인물이 "구레네 사람 루기오"입니다. 구레네는 아프리카의 리비아입니다. 아프리카 리비아 출신이라는 것 이외에 우리는 아무것도 알 수 없습니다. 그런데 만일 아프리카 리비아에서 이민을 간다면, 뭔가 일을 벌일 만한 능력이 있는 사람이라면 일반적으로 로마제국의 수도인 로마로 가야 되지 않겠습니까? 많은 사람들이 미국으로 이민 오는 이유 중 하나가 미국이 세계에서 가장 크고 부유한 나라이기 때문입니다. 즉 루기오가 안디옥으로 갔다는 것은, 자신이 아프리카 출신이라는 것 이외에는 딱히 내세울 만한 것이 없기 때문임을 짐작해 볼 수 있습니다.

네 번째 인물이 "분봉 왕 헤롯의 젖동생 마나엔"입니다. 여기서 '젖동생'에 해당하는 헬라어 '쉰트롭호스 σύντροφος'는 '한 어머니의 젖을 먹고 자란 친동생'을 의미하기도 하고, '어릴 때부터 친하게 지낸 죽마고우'를 뜻하기도 합니다. 어쨌든 마나엔이 분봉 왕 헤롯의 친동생이든 헤롯의 죽마고우든 헤롯과 같은 지배계층 출신입니다. 헤롯은 결코 의로운 가문의 출신이 아닙니다. 헤롯은 우리 조선을 일본에 바친 매국노 이완용과 같은 사람입니다. 로마제국의 분봉 왕이 되어 백성들로부터 온갖 것을 착취하던 사람입니다. 이런 사람의 친동생이든 죽마고우든 마나엔도 그와 비슷한 삶을 살던 사람임을 의미합니다.

한번 상상해 보시기 바랍니다. 일제강점기 때 이완용이 회심해서 교인이 되었다고 하십시다. 그럼에도 그가 여전히 매국 행위를 하는데 그리스도인들이 그를 온전히 받아주겠습니까? 이것이 있을 수 있는 일이겠습니까? 그런데 그 불의한 헤롯의 젖동생 마나엔이 안디옥 교회의 당회원이었습니다.

다섯 번째 인물이 "사울"입니다. 이 사울은 우리가 알고 있는 바울입니다. 사울은 어떤 사람입니까? 예수님을 대적하던 폭도였지 않습니까?

자, 다섯 사람을 보십시다. 정통파 레위인, 흑인 노예 출신 시므온, 아프리카 리비아 출신 루기오, 불의한 지배계층이자 매국노 마나엔, 예수님을 대적하던 폭도 사울. 이 다섯 명은 절대로 같이할 수 없는 사람들입니다. 그런데 이들이 예수 그리스도 안에서 보편적 교회를 이루었습니다. 한자리에 앉아 주님의 몸 된 교회를 이룬 것입니다. 그들이 예수 그리스도 안에서 보편적 그리스도인이 되었기 때문이고, 안디옥 교회를 세웠던 '티네스 안드레스'들이 이 교회의 밑가지가 되어 주었기 때문입니다.

사도행전 13장 2-3절을 보면 성령님의 명령에 의해 안디옥 교회가 바나바와 바울을 전도자로 파송하지 않습니까? 그래서 세계의 역사가 변화됩니다. 여러분, 이제 의문이 해소될 수 있습니다. 우리에게는 의문이 있을 수 있습니다. 왜 당시 예루살렘 교회가 모든 교회의 우두머리, 모교회였는데 주님께서 그 예루살렘 교회를 통해 지중해 세계를 변화시키지 않으셨는가? 왜 변방에 있는 안디옥 교회를 세계를 변화시키는 당신의 도구로 쓰셨는가?

유대 크리스천들이 대다수를 이루고 있던 예루살렘 교회는 복음의 세계성을 제대로 인식하지 못한 채 보편적 교회를 이루지 못했습니다. 반면에 안디옥 교회는 비록 작은 공동체라 할지라도 예수 그리스도 안에서 온전한 보편적 교회를 이루었습니다. 그 보편적 교회를 통해 보편적 복음이 온 세계를 향해 흘러가게 주님께서 역사하시는 것은 당연한 일이었습니다. 그러므로 안디옥 교회 당회원들, 안디옥 교회를 세운 이들, 안디옥 교회 교인들 모두가 위대한 보편적 그리스도인이 아닐 수 없습니다.

그런데 이런 보편적 교회를 이룬 예가 성경에만 있습니까? 한국 교회사에도 있습니다. 제가 섬기는 100주년기념교회가 관리하는 양화진외국인선교사묘원에는 조선 반도에 와서 복음을 전하다가 순직한 선교사들 145명이 안장되어 있습니다. 그들 중 제가 개인적으로 가장 존경하고 한국 그리스도인들에게 가장 덜 알려진 사무엘 무어Samuel F. Moore 선교사가 있습니다. 무어 선교사는 곤당골, 즉 오늘날 서울 소공동에 있는 롯데호텔 근처에 교회를 세우고 아이들에게 교회학교를 시작했습니다. 그런데 아이들 가운데 '봉줄이'라는 아이가 있었습니다. 사람들은 이름 없는 그 아이를 '봉줄이'라고 불렀습니다. 나중에 그 아이 이름을 무어 선교사가 박서양이라고 지어 주었습니다.

하루는 그 아이가 와서 아버지가 장티푸스에 걸려 지금 죽어간다고 했습니다. 그 아버지는 박 씨였고 이름은 없는 백정이었습니다. 조선시대의 백정은 어린아이도 하대를 하는 존재였습니다. 한마디로, 사람이 아니었습니다. 그래서 이름도 없었습니다. 그 이름 없는 최하층민 백정이 장티푸스로 죽어가는데 누가 돌봐 줍니까? 그런데 무어 선교사가 간호해 주기 위해 그를 찾아갔습니다. 무어 선교사는 의사가 아니었기에 그가 잘 아는 의사인 에비슨 선교사를 데리고 백정 박 씨에게 갔습니다. 에비슨 선교사는 후에 세브란스 병원을 설립했고 당시에는 고종황제의 어의였습니다. 왕의 의사가 백정을 찾아간 것입니다. 그리고 결국 그의 병이 낫게 되었습니다. 박 씨는 이해가 되지 않았습니다. '어떻게 왕의 의사가 나 같은 백정을 찾아왔을까?' 생각을 거듭할수록 감동이 되어 백정 박 씨가 무어 선교사가 목회하는 곤당골교회를 나가기 시작했습니다.

곤당골교회에는 양반이 많았습니다. 그들이 처음에는 박 씨가 백정이라는 사실을 몰랐다가 사실을 알고서 백정을 쫓아내 주기를 원했습니다. 무어 선교사는 그 요청을 거절했습니다. 그랬더니 양반 그리스도인들이 자리를 구별해 달라고 했습니다. 앞자리는 양반들이 앉고 백정은 저 뒷자리에 앉혀 달라는 것이었습니다. 하지만 무어 선교사는 교회는 만인을 위한 예배 처소이므로 안 된다고 거절했습니다. 그랬더니 양반들이 백정과 함께 예배드릴 수 없다며 교회를 떠났습니다. 그러고는 창덕궁 옆에 홍문동교회를 따로 세웠습니다.

박 씨가 자기 때문에 교인들이 나갔으니 얼마나 미안했겠습니까? 그는 서울에 있는 백정들뿐만 아니라 수원에 있는 백정들 집단 촌락, 그리고 경기도 일대를 다니며 백정들에게 전도하기 시작했습니다. 곧 그 백정들은 곤당골교회로 모여들었습니다. 교회를 나갔던 양반들도 가만히 생각해 보니 자기들의 행동이 옳지 않다고 여겨 되돌아왔습니다. 그리고 그 교회가 승동으로 옮겨져 승동교회가 되었습니다. 백정 박 씨에게 무어 선교사는 박성춘이라는 이름을 지어 주었습니다.

1911년에 박성춘은 승동교회의 장로가 되었습니다. 3년이 지나 조선왕조의 혈통이었던 이재형이 같이 장로가 되었습니다. 백정과 왕손이 함께 머리를 맞대고 당회를 구성한 것입니다. 사도행전 13장 1절이 그대로 초기 승동교회에서 이루어진 것입니다. 그때 그 교인들은 100명이 되지 않았습니다. 그럼에도 주님께서는 그 교회를 당신의 도구로 쓰셔서 이 땅에서 백정이 해방되고 신분 차별이 철폐되는 역사를 이루셨습니다. 우리가 보편적 교회가 될 때 주님께서 친히 복음의 통로로 사용하심을 한국 기독교 역사 속에서도 보여 주신 것입니다.

여러분, 교회는 결단코 사람의 머릿수, 예배당의 크기에 의해 좋은 교회, 나쁜 교회로 구별되지 않습니다. 교회는 하나의 교회, 거룩한 교회, 사도적 교회, 보편적 교회냐 아니냐에 의해 성숙한 교회, 주님의 참다운 교회로 구분되는 것입니다. 여러분이 어떤 교회를 섬기든 그 교회에서 여러분 각자가 하나의 교회, 거룩한 교회, 사도적 교회, 보편적 교회를 이루어 가십시오. 반드시 여러분과 여러분이 속한 교회를 주님께서는 이 시대를 새롭게 하는 안디옥 교회로 사용하실 것입니다.

———

주님, 주님의 사람으로, 주님의 '동사'로 살아가기 원하는 주님의 귀한 자녀들, 지금 머리 숙이고 있습니다. 이분들에게 늘 성령의 능력으로 함께해 주시고 진리의 빛으로 조명해 주시기를 간구드립니다.

이 세상 속에서 하나의 교회, 거룩한 교회, 사도적 교회, 보편적 교회로 자기 자신을 잘 일구어 가게 하시고, 한 분한 분이 모여 있는 교회가 맡겨진 소명을 잘 감당하게 도와주옵소서.

그리하여 우리가 이 땅에 없을 그때에도 우리가 살아온 삶의 족적으로 인해, 우리가 뿌린 씨앗들로 인해, 이 땅 위의 교회가 주님 안에서 새롭게 회생되고, 인류의 역사 속에, 인류의 삶 속에, 주님께서 이루시려는 섭리를 다 이루어 드리는 주님의 멋진 통로가 되게 하여 주옵소서.

여기 모인 한 분 한 분과 동행해 주시고, 마음속에, 삶 속에, 일터 속에, 주님의 긍휼하심이 늘 함께해 주시길 간구드리오며, 우리의 '주어'이신 예수님의 이름으로 기도드립니다. 아멘.

2014. 11. 21.
뉴저지 팰리세이드교회 창립 30주년 부흥성회

주님의 심판

19 그 때에 스데반의 일로 일어난 환난으로 말미암아 흩어진 자들이 베니게와 구브로와 안디옥까지 이르러 유대인에게만 말씀을 전하는데 **20** 그 중에 구브로와 구레네 몇 사람이 안디옥에 이르러 헬라인에게도 말하여 주 예수를 전파하니 **21** 주의 손이 그들과 함께 하시매 수많은 사람들이 믿고 주께 돌아오더라 **22** 예루살렘 교회가 이 사람들의 소문을 듣고 바나바를 안디옥까지 보내니 **23** 그가 이르러 하나님의 은혜를 보고 기뻐하여 모든 사람에게 굳건한 마음으로 주와 함께 머물러 있으라 권하니 **24** 바나바는 착한 사람이요 성령과 믿음이 충만한 사람이라 이에 큰 무리가 주께 더하여지더라 **25** 바나바가 사울을 찾으러 다소에 가서 **26** 만나매 안디옥에 데리고 와서 둘이 교회에 일 년간 모여 있어 큰 무리를 가르쳤고 제자들이 안디옥에서 비로소 그리스도인이라 일컬음을 받게 되더라

사도행전 11장 19-26절

대부분의 사람들은 사람의 박수갈채를 갈구합니다. 보다 많은 사람들의 박수갈채 속에서 살아갈 수 있다면 수단과 방법을 가리지 않기도 합니다. 그리고 이왕이면 많은 사람들로부터 박수갈채를 받는 사람들을 더 좋아합니다. 사람들이 인기 연예인을 좋아하는 이유가 뭐겠습니까? 인기 연예인이 더 도덕적이고 윤리적이기 때문이겠습니까? 그렇지 않습니다. 실은 그들에 대해 개인적으로 아는 것은 거의 전무하다고 해도 과언이 아닙니다. 그럼에도 불구하고 대중으로부터 많은 인기를 얻는 사람일수록 더 선호합니다. 이유는 그들이 받고 있는 박수갈채 때문입니다. 많은 사람들로부터 박수갈채를 받는 사람과 개인적인 관계를 맺으면 맺을수록 그 사람에게 가는 박수갈채를 마치 자기도 나누어 갖는 것처럼 착각하면서 사는 것입니다.

참된 그리스도인은 그와는 정반대의 사람이어야 합니다. "사람들에게 박수갈채를 받으려고 나팔을 불지 말라." "사람들의 박수갈채를 받으려고 나팔을 부는 사람은 하나님 아버지로부터 상을 받지 못한다." "세상의 박수갈채를 받은 사람은 이미 세상의 상을 받았다."

이것은 제 말이 아니라 주님의 말씀입니다. 여러분은 하나님의 상을 의식하면서 살아간 적이 있으십니까? 아니면 세상의 상을, 세상의 박수갈채를 받기 위해 나팔을 불면서 살아가고 있습니까? 박수갈채라고 하는 것은 자기 자신을 과시하고 세상 사람들로부터 높임받고, 존경받고, 대접받고 싶은 마음의 총칭입니다.

공평하신 하나님

시기와 장소에 따라서는 조금씩 다르게 그 내용이 진화되었지만 그리스도인이라고 하면 대부분의 사람들이 알고 있는 우스개 이야기 중에 이런 내용이 있습니다.

아무 직분도 없는 어떤 교인이 하나님의 부르심을 받고 천국에 갔습니다. 그곳에서 집사님들은 식사시간이 되자 셀프 서비스로 음식을 가져다 먹었습니다. 아무 직분도 없는 교인들은 테이블에 앉아 서빙을 받는데 섬기는 분들이 장로님들이었습니다. 목사님은 보이지 않아 "왜 목사님들은 안 보입니까?" 물었더니 배달 나갔다고 합니다. (청중 웃음) 목사, 장로, 권사, 집사는 세상에서 이미 박수갈채를 받았고 직분 없는 사람들은 빛도 없이 이름도 없이 헌신하고 봉사했으니 하나님 나라에서 상급이 더 크다는 것입니다.

이 우스개 이야기가 우리에게 주는 교훈이 무엇입니까? 하나님의 나라는 절대로 평등하지 않다는 것입니다. 하나님의 나라는 평등하지 않습니다.

여자가 낳은 자 중에 세례 요한보다 더 큰 이가 일어남이 없도다(마11:11)

바꾸어 말하면 세례 요한이 가장 큰 자라는 것입니다. 그러나 천국에서는 극히 작은 사람이라 할지라도 세례 요한보다 큽니다. 예수님께서 천국은 누구나 똑같은 곳, 평등한 곳이 아니라 큰 사람이 있고 작은 사람이 있다고 말씀하신 것입니다. 왜 세례 요한이 여자가 낳은 모든 사람 중에서 가장 큰 사람이겠습니까?

세례 요한의 어머니 엘리사벳이 그를 임신한 지 6개월이 되었을 때, 사촌 여동생인 마리아가 성령으로 예수님을 잉태했습니다. 마리아가 사촌 언니 엘리사벳을 만나러 갔더니 엘리사벳의 뱃속에 있는 태아 요한이 자기 어머니를 찾아온 마리아의 뱃속에 잉태된 예수 그리스도를 알아보고서 뛰어 놀았습니다. 세상에 어느 여인의 아기가 어머니의 탯속에서 예수 그리스도를 알아보겠습니까?

로마 황제가 큰 사람이 아니라, 갑부가 큰 사람이 아니라 탯속에서 그리스도를 알아보았던 요한이 가장 큰 사람입니다. 그런데 그 위대한 세례 요한이 천국에서는 왜 가장 작은 자가 되었습니까?

세례 요한은 광야에서 외치는 자였습니다. 예수님께서 그에게 나타나셨을 때, 아무도 예수님이 그리스도이신 것을 알지 못했습니다. 세례 요한은 예수님을 탯속에서만 알아본 것이 아니라 성인이 되어 공생애를 시작하며 요단강에 나타나신 것을 보고서 하나님의 어린 양 그리스도라고, 이 세상을 향해 이분이 메시아라고 선포했습니다. 그 세례 요한이 요단강가에서 말씀을 전하는 모습을 마가복음 1장을 통해 보십시다.

온 예루살렘 성민들이 세례 요한에게 나왔습니다. 얼마나 설교를 잘했는지 그 설교에 사람들이 매료당한 것입니다. 어느 정도로 매료당했습니까? 요한은 예수님을 보고서 이분이 그리스도라고 선포했지만, 요한의 설교를 들은 사람들은 요한을 메시아라고 생각했습니다. 그래서 "당신이 메시아 아닙니까?" 하고 물었습니다. 요한은 "아닙니다. 나는 내 뒤에 오신 분의 신발 끈도 풀지 못합니다" 하고 답했습니다. 그러나 세상 사람들은 요한이 겸손해서 그렇게 말한다고 생각했습니다. 세례 요한은 사람들로부터 그렇게 박수갈채를 받자 영안이 흐려졌습니다. 분봉왕 헤롯 안티파스가 자기 동생 빌립의 아내 헤로디아를 빼앗았을 때 세례 요한이 공개석상에서 헤롯 안티파스의 불의를 비판했습니다. 헤롯 안티파스는 그 말을 듣고 회개하기는커녕 오히려 요한을 감옥에 처넣었습니다.

감옥에서 세례 요한은 생각했습니다. 내가 메시아라고 선포했던 그분이 정말 메시아라면 의를 행하다가 억울한 일을 당한 나를 감옥에서 빼내 줘야 하는데 그러지 않자 자기 제자를 예수님에게 보냅니다. 그리고 이렇게 묻습니다. "오실 그이가 정말 당신 맞습니까?" 탯속에서 예수를 알아보았던 세례 요한이, 세상에서 예수님이 메시아라고 선포한 첫 번째 선지자 그 위대한 세례 요한이 사람들의 박수갈채 속에서 살다보니 예수님에게 자기 제자를 보내어 '당신이 진짜 예수 맞아요?' 하고 반문한 것입니다. 의심이 든 것입니다. 박수갈채는 이렇게 인간을 망칩니다. 그 박수갈채 속에서 그 밝던 영안이 어두워졌던 요한이기에 주님께서는 그런 요한이라면 천국에서 가장 작은 자가 될 수밖에 없다고 말씀하신 것입니다.

중요한 사실은 예수님께서 천국에서는 큰 자가 있고 작은 자가 있는 것처럼 결코 천국은 평등한 곳이 아님을 우리에게 일깨워 주셨다는 점입니다.

구약성경은 히브리어로 기록되어 있는데, 히브리어 단어가 8,674개 나옵니다. 신약성경은 헬라어로 기록이 되어 있는데, 헬라어 단어가 5,624개 나옵니다. 그 단어 수를 합치면 14,298개입니다. 여러분은 일평생 살아가는데 우리 한국인은 몇 단어를 쓰는지 아십니까? 대개 한 사람이 300단어를 가지고 평생을 살아간다고 합니다. 상대적으로 그만큼 우리의 어휘력이 부족한 것입니다. 14,298개 단어라면 우리가 생각할 수 있는 단어는 성경 속에 다 동원되었지 않겠습니까? 그러나 창세기부터 요한계시록까지 눈을 씻고 찾아보십시오. '평등'이라는 단어는 단 한 번도 나오지 않습니다.

하나님은 평등하신 하나님이 아닙니다. 하나님은 '평등하신' 하나님이 아니라 '공평하신' 하나님입니다. 생각해 보십시오. 사도 바울처럼 주님을 위해서 자기 목을 내어 놓았던 사람과 우리처럼 크리스천이라면서 대충대충 사는 사람이 천국에서 평등한 대접을 받는다면, 과연 그것이 하나님의 정의일 수 있겠습니까? 하나님은 뿌린 대로 거두게 하시는 공평하신 하나님입니다. 누가 하나님 나라에서 큰 자이겠습니까? 세상의 박수갈채를 푯대로 살지 않는 사람입니다. 누가 천국에서 큰 자이겠습니까? 주님께서 약속하신 하나님의 상을 받기 위해서 자기가 무엇을 행하든, 자신의 직분이 무엇이든 사람들 앞에서 자신을 가리는 사람입니다.

티네스 안드레스

그런 관점에서 오늘의 본문은 하나님 나라에서 하나님으로부터 큰 상급을 받고 하나님으로부터 큰 자라고 높임 받았음이 분명한 사람을 우리에게 구체적으로 소개해 주고 있습니다. 오늘 본문의 이야기는 그 유명한 안디옥 교회의 이야기입니다. 이 안디옥 교회는 이방 땅에 세워진 최초의, 이방인을 위한 교회였습니다. 잠시 후에 다시 말씀을 드리겠습니다만, 그 이전에 이미 이스라엘 영토 내에 세워진 이방인 교회가 있었습니다. 바로 고넬료 집이었습니다. 고넬료는 이스라엘 영토 내에 가이사랴에 살던 이방인입니다. 베드로가 찾아가 고넬료에게만 복음을 전한 것이 아니라 고넬료 가족, 친척, 친지들 모두에게 복음을 전하고 세례를 주었습니다. 교회는 건물이나 제도가 아니라 사람들의 모임이지 않습니까? 그러므로 베드로를 통해 복음을 영접했던 고넬료의 친척, 친지, 가족, 그들의 모임이 이스라엘 영토 내에 세워진 첫 번째 이방인을 위한 교회였던 것입니다. 그 누구도 이스라엘 영토 밖에 있는 이방 지역에서 이방인을 위한 교회를 세우려고 생각하지 않았습니다. 그런데 역사상 이방 땅인 시리아 안디옥에 사는 유대인들이 아니라 그곳에 사는 헬라인 이방인들을 위해 세워진, 최초의 이방인 교회가 바로 시리아 안디옥 교회입니다. 복음이 유대인들만의 전유물이 아니고 이스라엘 영토 내에서만 유효한 것이 아니라, 보편성, 우주성을 지니고 있다는 것을 처음으로 확증시켜 준 교회가 바로 안디옥 교회였습니다.

안디옥 교회가 기독교 역사에서 획을 그은 교회가 된 두 번째 이유는 바로 이 안디옥 교회가 위대한 사도 바울을 배출했기 때문입니다. 본문 25절에서 26절 상반절을 읽어보겠습니다.

바나바가 사울을 찾으러 다소에 가서 만나매 안디옥에 데리고 와서 둘이 교회에 일 년간 모여 있어 큰 무리를 가르쳤고

이방 땅인 안디옥에 이방인을 위한 교회가 세워졌다는 소문이 예루살렘에 전해졌습니다. 이에 예루살렘에 있는 모교회 사도들이 그 이방 땅 이방인 교회를 위해 파송한 초대 목사가 바나바였습니다. 바나바가 안디옥 교회에 부임했는데 매일 교인들이 늘어나 자기 혼자의 역량으로는 그 교회를 목회하는 것이 역부족이었습니다. 그때 바나바가 생각했던 사람이 자기와 예전에 교분을 가졌던 바울이었습니다. 그래서 고향 다소에서 칩거하고 있던 바울을 바나바가 약 200킬로미터나 걸어가 권유했고, 안디옥 교회로 데려와 공동 목회를 했습니다. 그러다 안디옥 교회 교인들이 바나바와 바울을 전도자로 파송하고 위대한 전도자 바울을 배출하게 됩니다.

바울이 1차, 2차 전도여행을 하면서 지중해 세계에 복음이 스며드는데, 바울은 본래 예수님을 믿던 사람이 아니었지 않습니까? 예수님을 믿던 사람들을 잡아 감옥에 가두고

핍박하는 일을 천직으로 삼던 예수님의 대적이었습니다. 그런데 예수님은 그러한 바울을 위대한 전도자로 당신의 능력 안에서 변화시키신 것입니다. 무엇을 보여 주신 것입니까? 복음의 우월성입니다. 예수 그리스도의 복음이 들어가면 그 어떤 폭도도 예수 그리스도 안에서 위대한 전도자로 바뀔 수 있음을 바울을 통해 주님께서 보여 주신 것입니다.

안디옥 교회가 기독교 역사에서 중요한 의미를 갖는 세 번째 이유는, 안디옥 교회 교인들이 세상 사람들로부터 처음 그리스도인이라 불리기 시작했기 때문입니다. 26절 하반절입니다.

제자들이 안디옥에서 비로소 그리스도인이라 일컬음을 받게 되었더라

그 이전까지는 초대교회가 생성되고 신앙공동체가 곳곳에 세워지긴 했지만 어느 지역에서도 예수님을 믿는 사람들을 가리켜 그리스도인, 예수쟁이라는 호칭은 사용되지 않았습니다. 그런데 안디옥에서 비로소 교인들을 가리켜

그리스도인, 바꾸어 말하면 작은 그리스도, 그리스도를 좇는 사람들이라고 공식적으로 호칭되기 시작한 것입니다. 무슨 의미이겠습니까? 안디옥 사람들이 볼 때 저 안디옥 교회를 이루고 있는 신앙 공동체 사람들은 자기들하고 달랐던 것입니다. 자기들이 흉내 낼 수 없는 삶을 살고 자기네들이 범접할 수 없는 사고방식을 지니고 있었던 것입니다. 그래서 자신들과 구별해서 '저 사람들은 그리스도인들이다'라고 부르기 시작했습니다. 바로 복음의 특수성을 보여 준 것입니다.

안디옥 교회는 복음의 보편성, 복음의 우월성, 복음의 특수성을 이 세상 속에서 입증한 최초의 교회였습니다. 안디옥 교회가 있었기 때문에, 비로소 이 이방 땅인 미국에 이방인인 한국인 여러분을 위한 이 교회도 세워질 수 있었던 것입니다. 2천 년 전 안디옥 교회가 복음의 보편성, 복음의 우월성, 복음의 특수성을 이 세상의 역사 속에서 입증해 주지 않았었더라면, 이스라엘 영토 밖에 있는 이방인들을 위한 그 어떤 교회도 지금까지 존재하지 못할 것입니다. 그렇다면 질문이 생깁니다. 안디옥 교회가 2천 년 교회 역사에서 가장 중요한 교회라면 그 안디옥 교회를 세운 사람들은 얼마나 위대한 사람들이겠습니까? 그들의 이름은 얼마나 세상 사람들로부터 박수갈채를 받았겠습니까? 그들은 얼마나 위대한 사도들이었겠습니까? 질문에 대해 오늘의 본문이 답변해 주고 있습니다.

사도행전 8장에 보면 스데반의 순교로 인해 예루살렘에서 그리스도인에 대한 대핍박이 일어납니다. 그래서 예루살렘의 그리스도인들이 동서남북으로 흩어지면서 디아스포라들이 생깁니다. 그 그리스도인들은 전부 유대인이었습니다. 그들이 예루살렘을 떠나 구브로(오늘날 지중해의 사이프러스)와 베니게(레바논), 안디옥(안타키아) 즉 시리아의 안디옥까지 흩어진 유대 그리스도인들이었습니다. 이들이 자신이 흩어져 정착한 곳에서 복음을 전하는데, 자신들이 유대인들이기 때문에 현지에 있는 유대인들에게만 복음을 전했습니다. 이유는 두 가지입니다.

초기 기독교 유대 그리스도인들은 주님을 믿긴 믿지만 그리스도의 복음은 유대인들의 전유물이라고 잘못 알고 있었기 때문입니다. 그래서 이방 땅에 가서도 이방인들에게 복음을 전할 생각을 못한 것입니다. 두 번째 이유는 유대인들 가운데에 복음의 보편성을 깨달은 사람들이 있다

할지라도 그들의 엄격한 민족적 관습 때문에 감히 이방인에게 복음을 전할 용기를 내지 못했기 때문입니다. 유대인들은 오래토록 자신들 이외의 사람들은 모두 열등한 존재, 짐승 같은 존재로 비하했습니다. 그러니 유대인들은 이방인들과 접촉해서 말을 나누는 것은 물론이고, 그들과 교제하는 것, 그들과 함께 음식을 먹는 것 등을 철저하게 금기시했습니다. 만약 유대인들 가운데 이방인과 교제하는 사람이 있으면 유대인 공동체에서 파문을 당합니다. 그들에게 있어 유대인 공동체로부터 파문을 당하는 것은 죽음과도 같은 것입니다. 초기 그리스도인 유대인들은 행여라도 이방인에게 복음을 전했다가 같은 유대인들로부터 비난받을까 봐 두려웠던 것입니다. 심지어 고넬료에게 복음을 전했던 베드로도 예루살렘 모교회 교인으로부터 혹독하게 비판을 받았습니다. 그 흩어진 사람들 중에서 구브로와 구레네(오늘날 아프리카의 리비아)에서 살던 사람들 가운데 몇 사람이 바로 시리아의 안디옥으로 이주했습니다. 그리고 그들이 유대인에게만 복음을 전한 것이 아니라, 그 안디옥에 살고 있는 헬라인 이방인들에게도 담대하게 복음을 전하는 용기를 낸 것입니다. 그들 덕분에 이방인들이 예수님을 영접하고, 그 유명한 이방인 교회가 세워지게 된 것입니다.

그 교회를 누가 세웠습니까? 본문은 '몇 사람'이라고만 전하고 있습니다. 직업, 나이, 학력, 경력, 이력은 알 수 있지만 사람들의 수가 불분명할 때 보통 이렇게 표현하지 않습니까? 그런데 헬라어 원문에는 그렇게 기록되어 있지 않습니다. '티네스 안드레스τινες ἄνδρες' 즉 '몇 사람'이 아니라 '어떤 사람들'이라고 기록되어 있습니다. 나이도 모르고, 직업도 모르고, 경력도 모르고, 더욱이 그들이 몇 명인지도 모릅니다. 알고 있는 것은 그들이 아프리카 리비아와 지중해의 사이프러스 섬에서 살다가 시리아의 안디옥으로 이민 왔다는 것뿐입니다.

사도행전은 누가가 썼습니다. 의사였던 누가는 어떤 사람이었습니까? 사도행전 16장 드로아에서 바울을 만나 주님을 영접한 뒤 바울이 로마에서 참수형을 당해 죽을 때까지 바울의 수종을 들었던 사람입니다. 바울이 로마의 감옥에 갇혀 있을 때 다른 동역자들은 다 바울을 떠났지만 누가만 바울이 죽을 때까지 바울의 곁을 지켰습니다. 바울이 누구입니까? 안디옥 교회의 목사였습니다. 안디옥 교회가 세워지고 나서 20년 있다가 목사로 부임한 사람이 아닙니다.

안디옥 교회가 세워진 초기에 바나바가 데려온 창립 초기 목사입니다. 바울이 안디옥 교회 목사였다는 것은 안디옥 교회를 세운 사람들이 누군지 바울은 다 알고 있었다는 말입니다.

바울이 알고 있었다는 것은 사도행전을 기록한 누가도 바울로부터 들어 알고 있었다는 것입니다. 누가는 의사였기 때문에 과학적·분석적·구체적으로 기록했습니다. 그런데 본문에서만 그 위대한 안디옥 교회, 그 유명한 안디옥 교회, 그 중요한 안디옥 교회를 창립한 사람들을 '티네스 안드레스', '어떤 사람들'이라고 익명으로 처리했습니다. 이유가 무엇이겠습니까? 그 어떤 사람들이 자기 자신들을 가리는 사람들이었기 때문입니다. 자기를 드러내지 않는 사람들이었기 때문입니다. 그들의 중심, 그들의 마음을 높이 산 바울이 그 사실을 누가에게 알려 주었고, 누가가 사도행전을 쓰면서 그들이 하나님 나라에서 받을 상급을 위해 그들을 '티네스 안드레스', '어떤 사람들'이라고 표기한 것입니다.

베드로가 고넬료 집으로 가서 고넬료 집안 사람들에게 복음을 전해, 그 결과로 이스라엘 영토 내에 있는 가이사랴에 최초로 이방인 가정 교회가 세워졌습니다. 여러분, 한번 생각해 보십시다. 베드로는 예수님의 수제자로 불리지 않습니까? 그가 이방인 고넬료 집에 가서 복음을 전했던 것은 자의가 아니었습니다. 본인은 이방인에게는 복음을 전하면 안 된다고 생각하고 있었는데 성령님의 강권적인 역사 속에서 고넬료 집을 찾아가 복음을 전했던 것입니다. 이렇게 이스라엘 영토 내에 최초로 이방인 교회를 세우는 주님의 손과 발이 되는 영광을 입었습니다. 그런 베드로라면 당연히 이스라엘 경계를 넘어 이방 땅에 가서 이방인 최초의 교회를 세우는 하나님의 손발로 사용되는 영광도 베드로가 입어야 되지 않겠습니까? 그런데 베드로는 고넬료 집에서 그냥 예루살렘으로 돌아갑니다.

베드로가 이방 땅에 최초의 이방인 교회를 세울 수 있는 기회를 상실했던 것은 이번이 처음이 아닙니다. 사도행전 8장에서도 마찬가지입니다. 스데반의 환난으로 인해 많은 그리스도인들이 동서남북으로 흩어진 상황에서 사도가 아닌 빌립 집사가 사마리아에 가서 복음을 전했습니다. 사마리아 사람들은 같은 유대인이지만 이방인의 피가 섞였다는 이유로 정통 유대인들이 짐승처럼 취급하던 존재들이었습니다. 그러니까 사도 가운데 누구도 사마리아인이 복음을 받아들일 수 있다는 것을 감히 생각하지 못했습니다. 그런데 빌립 집사가 가서 복음을 전하자 사마리아 사람들이 복음을 영접하고 회개했습니다. 그 소문이 예루살렘 모교회로 전해졌습니다. 그때 예루살렘 모교회가 회의를 열어 예수님을 영접한 사마리아 사람들을 위해 누구를 파송할 것인지 논의한 끝에 파송된 사람이 베드로와 요한이었습니다. 베드로와 요한이 사마리아를 가보니 빌립으로부터 복음을 받아들인 사람들이 정말 주님을 영접하고 그리스도인들이 되어 있었습니다. 베드로가 그들의 머리 위에 일일이 안수를 하자 성령님께서 그들에게 임했습니다.

여러분, 예수님께서 부활하고 승천하실 때 제자들에게 남기신 마지막 명령이 무엇입니까? 그 명령은 우리를 향한 명령이기도 하기에 우리는 그 명령을 가리켜 주님의 지상 최후의 명령이라 부릅니다. 사도행전 1장 8절 내용입니다.

오직 성령이 너희에게 임하시면 너희가 권능을 받고 예루살렘과 온 유대와 사마리아와 땅 끝까지 이르러 내 증인이 되리라 하시니라 헬라어 문법에서 '되리라'는 미래형이자 명령형입니다. 너희들은 반드시 되어야 한다는 것입니다. 예루살렘에서 유대와 사마리아를 거쳐 땅끝 이방 세계까지 주님의 증인이 되어야 한다는 것이 주님의 마지막 명령이었습니다. 그런데 사도행전 8장에서 베드로가 어디에 가 있습니까? 예루살렘에서 유대 땅을 거쳐 사마리아에 가 있습니다. 그렇다면 베드로는 당연히 주님의 명령을 생각해야 합니다. 하지만 베드로는 생각하지 못했습니다. 그래서 사마리아 사람들에게 세례를 주고 예루살렘으로 되돌아 가버렸습니다.

사도행전 10장에서는 예루살렘 영토 내에서 이방인 고넬료 식구에게 복음을 전했습니다. 그렇다면 베드로는 주님 안에서 사도행전 8장 사마리아의 경험과 사도행전 10장 가이사랴 고넬료 집의 경험을 합쳐, '이제야말로 땅끝 이방 세계로 가서 이방인에게 직접 복음을 전해야 할 때가 되었구나' 하고 생각해야 하는데 두 번 다 그 생각을 못했습니다. 결국 그것이 갈릴리 베드로의 한계였습니다.

기회가 주어졌는데 알지 못한 것입니다. 주님의 수제자로 불리는 사람이 두 번의 기회가 있었음에도 불구하고 깨닫지 못해서 전혀 이름도 밝히지 않는 익명의 평신도들에게 이방 땅에 최초의 이방인 교회를 세우는 영광을 상실당했다는 것은 세상의 관점에서 보자면, 베드로에게는 그보다 더 큰 수치와 모독이 있을 수 없습니다. 중요한 것은 세상의 관점, 사람들의 평가가 아니라 주님의 평가입니다. 주님께서 이 사건, 즉 베드로의 그 행위를 어떻게 보시고 어떻게 당신의 말씀에 베드로를 기록되게 하셨느냐는 것입니다.

19절은 분명히 우리말로 '그 때에'라는 시기를 가리키는 부사로 시작됩니다. 그러나 이 번역은 적절한 번역이 아닙니다. 헬라어 원문을 보면, '확실히'라는 의미의 '멘μὲν', '그러므로'라는 의미의 '운οὖν', '멘 운μὲν οὖν'이라고 기록되어 있습니다.

'멘 운'을 한글 성경은 '그 때에'라고 번역해서 앞뒤 사건의 동시성을 나타내는 것처럼 되어 있습니다. 그런데 '멘 운'을 그대로 번역하면 '확실하건데 그러므로'라는 뜻입니다. 동시성을 나타내는 말이 아니라 이 단어 앞의 사건이 있었기에 그 사건의 필연적 결과로 뒤의 사건이 수반되었다는 것입니다. 자기를 가리는 겸손한 그리스도인들이 안디옥에 가서 이방 최초의 이방인 교회를 세우게 된 것은 바로 '멘 운'이란 단어 앞에 나오는 사건의 필연적인 결과로 이루어진 일이라는 것입니다.

그러면 이 앞에 있었던 사건이 무엇입니까? 앞서 말씀드렸듯이 베드로가 가이사랴에 있는 이방인 고넬료 집을 찾아가 그 이방인들에게 복음을 전한 것입니다. 그 복음을 전한 것 때문에 예루살렘으로 되돌아간 베드로는 예루살렘 초대교회의 쟁쟁한 지도자들로부터 혹독한 비판을 받았습니다. 비판 정도가 아니라 헬라어 원문을 보면 비난을 당했습니다. 이유는 유대인으로서 이방인에게 가서 복음을 전했다는 것입니다. 그래서 베드로가 해명했습니다. "내가 욥바 무두장이집 옥상에서 기도를 드렸습니다. 그런데 환상 중에 하늘에서 보자기가 내려왔고, 그 속에 제가 부정하게 생각하는 짐승들이 있었습니다. 주님께서 그것을 저더러 먹으라고 하셨습니다. 저는 이런 부정한 것을 못 먹는다고 했더니 주님께서 깨끗하게 한 것을 속되다 하지 말라고 말씀하셨습니다. 그런데 그 환상이 한 번이 아니라, 세 번 반복되었습니다. 그와 동시에 누군가가 문을 두드려 나가 보았더니 가이사랴에 있는 이방인 고넬료라는 사람이 나를 찾아 보낸 사람들이었습니다. 그때 성령님께서 말씀하셨습니다. '내가 보낸 사람들이니 의심하지 말고 따라가라.' 그래서 저는 그 사람들을 따라갔습니다. 가이사랴 이방인 고넬료 집에 도착했는데 고넬료만 있는 것이 아니라 고넬료 가족, 친척, 친지들이 다 한자리에 모여 있었습니다. 그들이 저에게서 복음을 듣기 원했습니다. 그래서 저는 그들에게 복음을 전하기 시작했습니다. 그러자 우리가 처음 받았던 성령님께서 그들에게 임하시는 것이 보였습니다. 우리에게 그 선물을 주신 하나님께서 그들에게도 똑같은 선물을 주시는데, 내가 무엇이라고 하나님의 역사를 가로막을 수 있겠습니까? 그래서 나는 그들에게 세례를 베풀었습니다." 그 말을 다 들은 예루살렘 모교회 교인들이 11장 18절에서 이렇게 결론을 내렸습니다.

그들이 이 말을 듣고 잠잠하여 하나님께 영광을 돌려 이르되 그러면 하나님께서 이방인에게도 생명 얻는 회개를 주셨도다 하니라

이것이 예루살렘 모교회의 결론입니다. 베드로가 주님께로부터 쓰임받은 구원의 역사를 들으니 복음은 유대 그

리스도인들만의 전유물이 아니라 주님께서 이방인에게도 회개의 은혜를 주셨고 주님의 구원의 섭리 속에는 이방인도 포함되어 있다고 예루살렘 교회가 결론을 맺었습니다. 그 필연적 결과로서 오늘 본문의 일이 있게 되었다는 것입니다. 예루살렘 모교회에 가서 베드로가 증언한 바에 따라 예루살렘 모교회가 이방인에게도 구원의 문이 열렸다고 결정했다는 소문이 사방으로 퍼지지 않았겠습니까? 그 소문을 들은 유대 그리스도인들 가운데에서도 선뜻 용기를 내지 못한 유대 그리스도인들은 가는 도시마다 유대인들에게만 복음을 전했습니다. 그러나 용기 있는 그리스도인들인 '티네스 안드레스', 즉 '어떤 사람들'이 시리아의 안디옥으로 가서 이방인들에게 복음을 전함으로써 최초의 이방인 교회가 세워지게 되었다는 것입니다.

오늘 본문은 베드로는 무식한 어부여서 주어진 기회를 두 번이나 상실했다고 우리에게 증언하는 것이 아니라, 비록 베드로는 한계가 있을 수밖에 없었지만 자기 한계 내에서 최선을 다한 덕분에 겸손한 '티네스 안드레스', '어떤 사람들'에 의해서 그 역사적인 안디옥 교회가 세워지게 되었고, 그 결과 위대한 사도 바울이 배출되었다고 본문이 우리에게 보여 주는 것입니다. 바꿔 말하면, 베드로가 없었더라면 안디옥 교회도, 사도 바울도 존재하지 않았을 것이고, 당연히 이방 땅에 사는 이방인인 우리에게도 복음의 기회가 전해지지 않았을 수도 있다는 것입니다.

주님께서는 이처럼 베드로와 안디옥 교회를 세운 겸손한 그리스도인들, 그리고 안디옥 교회가 배출한 위대한 사도 바울을 공평하게 평가하시기 때문에, 지중해 세계를 다니면서 복음의 세계성을 입증한 사도 바울에 의해 베드로 역시도 그가 전한 복음이 이스라엘이라는 우물 속에 갇혀 있지 않고 온 세계로 퍼져 나가게 된 것이었습니다.

인간의 외적 발육을 성장이라고 합니다. 그에 반해 인간의 내적 발육은 성숙이라고 합니다. 외적 발육인 성장에는 한계가 있습니다. 20대까지 육체가 성장하다가 30대에 접어들면서 정체 상태를 이루다가, 그 이후부터는 점점 쇠퇴하는 것입니다. 그러나 내적 발육인 성숙은 이 세상이 다하는 날까지 끝이 없습니다. 성숙을 추구하는 사람은 성숙뿐만이 아니라 계속 성숙해지다가 원숙의 경지에까지 들어가게 됩니다.

최고 아닌 최선

우리가 추구하는 것은 성장이 아니라 성숙입니다. 우리의 목적은 겉사람의 자람이 아니라 속사람의 자람이기 때문입니다. 그래서 우리의 믿음은 날이 갈수록 성숙해져 가야 합니다. 우리의 믿음이 성숙해져 간다는 것을 다른 말로 표현하면, '날마다 참되고 신실하게 변화되어 가는 것'을 의미합니다. 우리가 날마다 참되고 신실한 그리스도인 교회를 이루어 가기 위해 오늘 본문이 우리에게 주는 세 가지 교훈이 있습니다.

하나님께서 요구하시는 사람들은 최고의 사람들이 아니라 최선의 사람들이라는 것입니다. 방금 말씀드린 것처럼 베드로는 갈릴리 어부였습니다. 안디옥 교회를 세우고 자기의 이름을 가려 하나님 나라에서 큰 상을 받았을 것이 분명한 '티네스 안드레스', '어떤 사람들'은 앞서 말씀드렸듯이 아프리카의 구레네와 지중해의 사이프러스로 이주했다가 거기서도 뿌리를 내리지 못하고 시리아 안디옥으로 다시 이주해 간 사람들입니다. 그들이 만약 2천 년 전 로마 제국에서 잘나가는 최고의 사람들이었다면 시리아 안디옥으로 가지 않고 로마 제국의 수도 로마에 뿌리를 내렸을 것입니다. 우리는 사도 바울을 대단하게 평가합니다. 그러나 2천 년 전 지중해 세계를 장악한 로마 제국 내에서 볼 때 그는 무명의 존재입니다. 사도 바울은 단지 무식한 베드로에 비할 때 석학이라 불릴 정도의 지성을 갖추고 있었던 사람입니다. 상대적으로 뛰어난 사람이지 당시 로마 제국에서 결코 최고의 반열에 이르지 못한 사람입니다. 그런데도 주님께서는 그 갈릴리 어부 베드로 그리고 외국 이방인 땅으로 이주를 거듭한 겸손한 몇몇 그리스도인들이 최선을 다할 때 그들을 세계의 역사를 변화시키는 당신의 도구로 쓰신 것입니다.

모든 문제는 그리스도인들이 세상 사람들과 똑같이 최고가 되려는 데서 파생됩니다. 최고가 되려고 하기 때문에 지성인들도 쉽게 불의와 타협합니다. 그리스도인들이 최고가 되려고 하기 때문에 신앙양심을 삶의 현장에서 거리낌 없이 저버립니다. 최고를 지향하면서 수단과 방법을 가리지 않는 사람이 경제적으로, 권력으로 최고의 자리에 오를 수는 있습니다. 그러나 그들은 본문의 베드로나 '티네스 안드레스' 또는 바울처럼 절대로 주님의 도구로 쓰임받지 못합니다. 최고라고 하는 것, 최고를 추구한다는 것이 욕망의 산물이기 때문입니다. 하나님은 우리를 상대적으로 평가하시지 않습니다. 우리가 한계가 있음에도 불구하고 우리 한 사람 한 사람을 절대적으로 평가하시는 분입니다. 그래서 우리가 주님께 우리의 한계 내에서 최선을 다할 때, 나는 보잘것없지만 주님께서는 나를 들어 한 시대를 새롭게 하시는 것입니다.

두 번째 교훈은, 우리가 주님 앞에서 최고의 사람이 아니라 최선의 사람으로 살아가기 위해서는 어떤 경우에든지 인간의 박수갈채가 아니라 하나님께로부터 받을 하나님의 상을 목표로 하고 소망하는 사람들이 되어야 한다는 것입니다. 최고를 지향한다는 것이 다 박수갈채를 지향하는 것입니다. 여러분, 박수갈채가 무엇입니까? "짝짝짝" 한순간 공기의 진동에 지나지 않습니다. 이것처럼 허무한 것이 없습니다. 왜 전 세계적으로 인기 연예인들이 마약에 빠져드는 경우가 많습니까? 이유는 간단합니다. 공기의 진동으로 끝나 버리는 박수갈채를 인생의 목표로 삼기 때문입니다. 박수갈채를 받았음에도 집에 돌아오면 허전한 것입니다. 허무한 것입니다. 채워지지 않는 것입니다. 그 공허함을 엉뚱한 것으로 채우려 하기 때문에 마약에 빠져드는 것입니다.

잠시 제 이야기를 드리는 것을 양해해 주십시오. 대학교 다닐 때 저는 프랑스어를 전공했는데 프랑스어로 하는 연극에 출연한 적이 있습니다. 우리말 연극도 쉽지 않은데 프랑스어로 연극을 하려니 1년 동안 연습해야 했습니다. 매일 학과가 끝나면 출연할 사람들이 모여 대본을 읽고 외웠습니다. 연극은 한 타임에 한 시간 반 이상 공연했고 사흘 동안 이어졌습니다. 마지막 사흘째 밤 공연이 끝났습니다. 분장실로 들어가 제 얼굴에 발라져 있는 화장을 콜드크림으로 지웠습니다. 그 순간 갑자기 허무함과 공허함이 저를 사로잡았습니다. 이 짧은 사흘 여섯 번의 공연을 위해 내가 지난 1년 동안 그렇게 애를 썼던가, 이 여섯 번의 박수갈채를 위해 내가 그 많은 에너지를 소모했던가…. 인간의 박수갈채가 얼마나 공허한 것인지 주님께서 저로 하여금 깨닫게 해주셨습니다.

인간의 박수갈채를 푯대로 삼지 않는다는 것은 인간의 모함도, 핍박도 능히 굴하지 않고 이긴다는 것을 의미합니다. 오늘날 그리스도인들에게 핍박의 시대는 지났다고 많은 사람들이 이야기합니다. 정말 그렇습니까? 오늘날 그리스도인에게 핍박의 시대가 지났다고 말하는 사람이 있다면 그분은 한 번도 예수님의 말씀대로 자기 삶의 현장에서 살려 하지 않았던 사람입니다. 여전히 세상은 어둡습니다. 이 세상은 여전히 죄성으로 가득 차 있습니다. 내가 내 삶의 현장에서 신앙양심을 따라 살려고 하면 내 주위에 있는 사람들이 나에게 돌을 던집니다.

목사가 주님을 좇아 따라 살아가려고 하면 목사들이 돈을 던집니다. 교회가 주님의 뜻을 좇아 살려고 하면 이웃교회가 돌을 던집니다. 핍박의 시대는 주님 오시는 날까지 절대 멈추지 않습니다. 2천 년 전 성경의 이야기는 성경이 쓰여진 것으로 해서 종결되지 않았습니다. 성경 집필은 끝났지만 성경 속에 있는 내용은 오늘 이 시대 역사 속에서도 고스란히 반복되고 있고, 주님 오시는 날까지 그대로 되풀이될 것입니다. 많은 그리스도인들은 넓은 문을 향해 걸어갈 것이고, 좁은 문을 향해 걷는 사람들은 항상 주위로부터 핍박받고 모함받겠지만 결국 주님께서는 좁은 문으로 향하는 사람들을 쓰십니다. 그들을 통해 시대를 바꾸십니다. 그 속에서 박수갈채에 현혹되지 않고 사람들의 모함에 굴하지 않고서 살아갈 수 있는 길은 단 하나밖에 없습니다.

주님의 상 주심을 푯대로 삼는 것입니다.

　하나님께서 약속하시는 하나님의 상 주심을 인생의 목표로 삼지 않으면, 삶의 현장이 어디든지 간에 결코 그곳에서 복음의 말씀대로 신앙의 양심을 좇아 살 수 없습니다. 바울이 자기 목까지 내어 놓은 것은 세상의 영광을 구했기 때문이 아니라, 박수갈채에 현혹되었기 때문이 아니라, 세상 핍박에 굴했기 때문이 아니라 상 주시는 주님을 믿었기 때문입니다.

　세 번째 교훈은, 주님의 상 주심을 믿는다는 것은 바로 주님의 심판을 믿는다는 것입니다. 오늘날 그리스도인들의 신앙생활에서 심판이라는 단어가 실종되었습니다. 바울이 가이사랴의 감옥에 2년 동안 갇혀 있었습니다. 벨릭스 총독이 가이사랴의 감옥 속에 갇혀 있는 예수쟁이 바울의 소문을 들었습니다. 그래서 바울을 불러 질문을 던집니다. "바울아, 네가 전하고자 하는 예수 믿는 도가 도대체 무엇이냐? 한번 핵심을 이야기해 봐라." 사도행전 24장 25절에 의하면 바울이 세 단어로 대답했습니다. 기독교의 핵심은 첫째 의, 둘째 절제, 셋째 심판입니다. 66권 성경을 세 단어로 압축하면 의, 절제, 심판입니다.

성경에 나오는 '의'는 하나님과의 바른 관계를 의미합니다. 내가 그리스도 안에서 하나님과 바른 관계를 맺으면 그분의 '의'를 힘입어 의로운 삶을 살게 되는 것입니다. '절제'라는 말은 적절한 번역이 아닙니다. 우리말 '절제'는 줄이는 것을 의미합니다. 돈을 많이 쓰는 사람에게 "왜 그렇게 돈 많이 쓰냐? 좀 절제해서 살아라"라고 합니다. 이 말은 돈을 아예 쓰지 말라는 것이 아니라 조금 절약해서 살라는 것입니다. 남편이 술독에 빠져 있으면 "여보, 술 좀 절제하세요"라고 합니다. 이 말은 끊으라는 것이 아니라 좀 적당하게 마시라는 것입니다. 그런데 헬라어 성경에 기록되어 있는 '앵크라테이아ἐγκράτεια'는 절약을 의미하는 '절제'가 아니라 'put aside', 제쳐버리는 것입니다. 그리스도인으로서 하지 말아야 될 것을 아예 제쳐버리는 것, 칼로 무 자르듯이 잘라 내어 버리는 것입니다. 이것이 거룩입니다. 거룩이라는 것은 구별되는 것입니다. 마지막으로 '심판'에 관해 생각해 봅시다. 주일예배 때마다 우리가 사도신경으로 주님께 신앙을 고백하는데 그 사도신경 중에 '저리로서 산 자와 죽은 자를 심판하러 오시리라'라는 내용이 있습니다. 이에 따라 '심판'을 믿는다고 고백합니다. 그런데 정말 '심판'을 믿습니까?

선뜻 대답은 못하지만 기독교의 요체가 의, 절제, 심판이라는 데에 다 동의하고 그 의미를 이해하실 것입니다. 거의 모든 그리스도인들이 이처럼 기독교의 요체를 이해는 하고 있지만 삶 속에 적용하지는 못합니다. 이유는 기독교의 요체는 의, 절제, 심판이지만 신앙의 전개 과정은, 바꿔 말해서 신앙의 진전은 역순으로 이루어진다는 것을 모르기 때문입니다.

심판을 믿는 사람만 자기 삶 속에서 잘라 낼 것을 잘라 낼 수 있습니다. 그런 사람만 결과적으로 주님과 바른 관계를 평생 맺게 되는 것입니다. 예를 들어 설명드리겠습니다. 한 학교에 학생이 1천 명이 있다고 하십시다. 각 반 담임선생님이 학생들에게 내달 15일에 시험이 있다고 알립니다. 그다음 날 또 알립니다. 누가 공부하고 누가 공부하지 않습니까? 선생님이 아무리 시험이 있다는 것을 알려도 시험을 전혀 중요하지 않다고 생각하는 학생, 시험에 대해 관심이 없는 학생은 공부하지 않습니다. 놀 것 다 놉니다. 그러나 시험이 자기 인생에서 얼마나 중요한지 깨닫는 학생만 시험 일자가 발표되는 그 순간부터 놀고 싶은 것을 끊어버립니다. 해야 될 공부를 하고서 그 결과로 좋은 성적을 얻는 것입니다.

우리 그리스도인들이 사도신경으로 고백할 때마다 주님 앞에 신앙을 고백하는 것처럼, 내 코끝에서 호흡이 멎는 순간 하나님의 심판대 앞에 서야 한다는 것을 마음속에 새기고 믿지 않으면, 삶에서 절제는 절대 이루어지지 않습니다. 결과적으로 우리는 평생 무늬만 그리스도인으로 살아갈 수밖에 없습니다. 하나님의 심판이 믿지 않는 사람에게는 영원한 멸망을 의미하지만, 주님 안에서 구원받은 그리스도인에게는 마태복음 25장 달란트 비유를 통해 주님께서 일깨워 주시듯 하나님의 셈하심, 하나님의 상 주심입니다.

상 주시는 하나님

하나님은 당신이 우리에게 주신 생명이라는 달란트, 시간이라는 달란트, 능력이라는 달란트, 물질이라는 달란트, 가족이라는 달란트, 사회적 직위라는 달란트를 어떻게 썼는지 반드시 셈하십니다. 그리고 당신의 셈하심에 의해 우리에게 상 주시는 분입니다. 히브리서 11장 6절이 우리에게 중요한 사실을 일깨워 줍니다.

믿음이 없이는 하나님을 기쁘시게 하지 못하나니

하나님과 우리의 관계는 믿음 속에서 이루어집니다. 믿음이 없다면 하나님과 우리의 관계는 형성되지 않습니다. 내 믿음이 깊을수록 하나님을 더 기쁘시게 해드리는 것입니다. 그런데 믿음이 무엇입니까? 믿음이 없이는 하나님을 기쁘시게 하지 못하나니 하나님께 나아가는 자는 반드시 자신이 어디에 있든지 그 현장에 하나님께서 계시는 것을 믿는 것이 믿음입니다.

우리는 하나님을 무소부재하신 하나님이라고 고백합니다. 무소부재가 무엇입니까? 안 계신 곳이 없다는 것입니다. 내가 어디에 있든지 그 현장에 주님께서 계신다는 것입니다. 그 사실을 안다면 주머니를 더 불리기 위해 거짓말할 수 있겠습니까? 자신의 지갑을 두텁게 하기 위해 신앙양심을 버릴 수 있겠습니까? 그리스도인임에도 불구하고 삶 속에 불의와 거짓이 횡횡하는 것은 하나님은 이 예배당에만 계신다고 착각하기 때문입니다. 그런 믿음으로는 하나님을 절대로 기쁘시게 할 수 없습니다.

호주와 하와이 사이에 나우루라는 조그만 섬이 있습니

다. 어엿한 나라인데 그 섬이 얼마나 작냐면 21평방킬로미터에 지나지 않습니다. 21평방킬로미터는 울릉도의 3분의 1입니다. 그 나라의 인구는 1만 명입니다. 나우루 섬은 산호초에 둘러싸여 있는데 수만 년 전부터 새들의 천국이었습니다. 그래서 수많은 새들로 인해 섬이 새들의 배설물로 뒤덮였는데, 배설물이 산호층들과 합쳐지면서 화학 작용을 이루어 인광석으로 변해 섬 전체가 노천 인광석 광산이 되었습니다. 인광석은 화약비료를 만드는 중요한 재료가 됩니다.

1888년 유럽 제국들이 아시아와 태평양 섬들을 정복하고 식민지화할 때 독일이 그 조그만 섬을 발견하고 그 섬이 노다지 인광석 자연 채굴광이라는 것을 알았습니다. 그래서 독일인들이 나우루 원주민들을 시켜 인광석을 채굴하기 시작하면서 영국 자본, 호주 자본, 독일 자본이 경쟁적으로 들어가 인광석을 퍼내었습니다. 2차 세계대전이 끝나고 나서 1968년에 신탁통치를 거쳐 나우루가 정식 국가로 독립했습니다. 독립과 동시에 인광석 광산이 전부 나우루 국가 소유가 되었습니다. 인부로 살던 원주민들에게 하루아침에 돈벼락이 떨어진 것입니다. 노천광이어서 그

저 캐서 팔면 되므로 특별한 기술이 필요 없습니다. 1만 명의 국가 주민들에게 얼마나 많은 돈이 돌아갔던지 1980년대에 1인당 소득이 2만 달러를 돌파했습니다. 대한민국은 2007년도에 2만 달러가 되었습니다. 1980년도의 2만 달러와 2007년도 2만 달러는 돈의 가치가 다릅니다.

모든 교육비, 모든 의료비가 무료이고 모든 국민에게 국가가 주택을 무료로 주었습니다. 한 번도 외국을 나가본 적이 없는 나우루 국민들이 전세기를 내어 싱가포르, 하와이로 쇼핑을 다녔습니다. 호주 멜버른에서 럭비 경기가 있으면 전세기를 내어 럭비 경기를 보러 갔습니다. 그 나우루 섬을 일주하는 도로가 있는데 총 길이가 18킬로미터밖에 되지 않습니다. 그런데 주민들은 고급 외제 수입차를 저마다 수입했습니다. 아무도 음식을 만들려 하지 않고 호주, 뉴질랜드, 미국 등에서 가공식품을 수입했습니다.

그런데 90년대에 접어들면서 문제가 생겼습니다. 첫째, 인광석이 끝을 보이기 시작했습니다. 둘째, 전 국민이 일하지 않고 계속 놀고먹으면서 수입 가공식품만 먹었더니 90퍼센트가 비만증, 50퍼센트가 당뇨병 환자가 되었습니다. 2003년에 나우루 섬의 인광석은 공식적으로 바닥이

났습니다. 2005년 이 나라는 결국 파산했습니다. 돈잔치를 시작한 지 불과 30여 년 만에 망한 것입니다. 나우루 섬과 인광석 이야기를 가만히 들여다보면, 축소하면 축소할수록 바로 우리 개개인의 인생과 똑같습니다. 사람들은 저마다 생명이라는 인광석이 무궁무진하리라고 착각합니다. 아무리 나이가 들어도 자기만은 천년만년 살 것처럼 착각하는 것입니다.

대부분 자기는 예외라고 생각하면서 세상의 박수갈채를 위해, 욕망을 위해 천하보다 귀한 자기 생명을 마구 갉아먹는 것입니다. 지혜가 무엇인지 아십니까? 내 생명은 나우루 섬의 인광석처럼 고갈되어 언젠가는 끝나는데 그 시기를 나는 알지 못하고 하늘에 계신 저분이 정하시기에 오늘 그리스도인으로 걸어야 할 길을 최선을 다해 뚜벅뚜벅 걸어가는 것입니다.

본문에 나오는 익명의 그리스도인들은 자기를 가리면서 하나님 나라에서 큰 상급 받는 자가 되었지만, 바울과 베드로는 거꾸로 자기 이름을 내걸고 사는 사람이었습니다. 어디 가서든지 사도 바울, 사도 베드로라는 이름을 내걸어야 했습니다. 그렇지만 그들은 세상 사람들로부터 받는 박수갈채에 현혹되거나 그 박수갈채에 맛을 들려 그 박수갈채를 롯대로 삼지 않고 날마다 자기들을 쳐서 복종시켰습니다. 그 결과 이름을 내걸고 살면서도 주님을 위해 목숨까지 내어 놓았습니다. 그래서 그들은 2천 년이 지난 지금까지도 위대한 사도로 살아 있습니다. 또한 본문에 나오는 익명의 그리스도인들의 이름은 우리가 모르지만 하나님 나라에 가면 이 위대한 그리스도인들이 누구인지 낱낱이 알게 될 것입니다.

사랑하는 교우 여러분. 예전에 비해 교인이 적어졌다고 절망하거나 한탄하지 마십시오. 오늘날 튀르키예 영토인 안타키아, 본문의 시리아 안디옥을 찾아가면 본문에 나오는 초대교회 교인들이 박해 시절에 숨어서 예배드리던 동굴이 남아 있습니다. 그 동굴에 들어가면 아무리 사람이 많이 앉아도 100명이 못 앉습니다. 고린도 교회, 에베소 교회, 갈라디아 교회 등 성경에 등장하는 모든 교회들은 지금 이곳의 교회보다 작습니다. 당시에 모든 교회는 가정 교회들입니다. 이 교회가 예전에 비해 교인 수가 적다 할지라도 성경에 등장하는 그 어떤 교회보다도 많습니다.

세상의 평가, 세상의 박수갈채, 세상의 관점이 아니라 오직 하나님의 평가, 하나님의 셈하심, 하나님의 심판, 하나님의 상 주심을 푯대로 삼고 이 시대의 참되고 신실한 그리스도인으로 살아간다면, 주님께서는 바로 여러분을 통해 반드시 이 시대에 당신의 섭리를 이루십니다. 왜냐하면 우리 주님은 시간과 공간을 초월하는 전능하신 주님이시기 때문입니다.

———

아담과 하와는 사단의 유혹에 빠져서 하나님처럼 되려 하다가 실낙원하고 말았습니다. 사울 왕은 이스라엘 첫 번째 왕이 되는 영광을 입었음에도 불구하고 자기를 과시하는 기념비를 세우다가 가족들과 함께 파멸하고 말았습니다. 압살롬은 아버지 목에 칼날을 겨누고 그 역시 자신을 드러내기 위해서 기념비를 세우는 일들을 했지만 그도 궤멸당하고 말았습니다.

주님께서 오늘 우리에게 간절히 말씀하십니다. 사람들에게 영광을 얻으려고 나팔 불지 말고, 세상의 상이 아니라 하나님께서 주시는 상을 사모하라고 말씀하십니다. 우리 모두 본문의 베드로처럼, 자신을 가린 익명의 그리스도인들처럼, 바울처럼 오직 주님을 푯대로 삼는 그리스도인으로 살아가게 도와주소서.

언젠가 우리 각자의 생은 끝나기 마련이고 주님의 심판대 앞에서 주님의 섬세하신 판정을 받음을 잊지 말게 도와주소서. 그리하여 날마다 자신을 가리려 하고 아무도 알지 못하는 가운데 주님의 손이 되고 발이 되어 가는 가운데 이 시대의 주님의 뜻을 이루는 주님의 도구가 되게 하시고 주님의 나라에서 큰 자라고 칭찬받는 자가 되게 하여 주소서.

이 교회를 위해 은총을 베풀어 주시고 이 자리에 머리 숙인 모든 교인들을 위로하여 주시고 격려하여 주셔서, 최고가 아니라 그리스도인으로 걸어가야 할 최선의 길을 걷는 주님의 멋진 종들이 되게 하여 주소서. 예수님의 이름으로 기도드립니다. 아멘.

2014. 11. 23.
뉴저지 팰리세이드교회 창립 30주년 부흥성회

주님의 치유

23 예수께서 온 갈릴리에 두루 다니사 그들의 회당에서 가르치시며 천국 복음을 전파하시며 백성 중의 모든 병과 모든 약한 것을 고치시니 **24** 그의 소문이 온 수리아에 퍼진지라 사람들이 모든 앓는 자 곧 각종 병에 걸려서 고통 당하는 자, 귀신 들린 자, 간질하는 자, 중풍병자들을 데려오니 그들을 고치시더라 **25** 갈릴리와 데가볼리와 예루살렘과 유대와 요단 강 건너편에서 수많은 무리가 따르니라

마태복음 4장 23-25절

예수님께서 베들레헴에서 태어나신 직후에 자신을 죽이려는 헤롯 대왕의 칼날을 피해서 이집트로 잠깐 피신하신 기간을 제외하면 공생애를 시작하시기까지 전 생애를 갈릴리에서 사셨습니다. 남북 길이 80킬로미터 그리고 동서 폭이 45킬로미터에 달하는 갈릴리는 이스라엘의 관점에서 보면 좁지 않은 땅이지만 미국의 관점에서 보면 참으로 좁은 땅입니다.

그 갈릴리는 동쪽으로는 요단 강, 서쪽으로는 지중해, 북쪽으로는 지금의 레바논 그러니까 성경상으로 베니게, 그 위쪽으로 수리아 지금의 튀르키예 영토, 그리고 남쪽으로는 사마리아와 유대에 둘러싸여 있는 지역입니다.

로마의 역사가 요세푸스는 그 갈릴리에는 크고 작은 성읍이 204개 있었는데 그 모든 성읍의 남정네들은 한결같이 가난한 어부이거나 목자 또는 농부들이었다고 증언하고 있습니다. 바로 그 가난한 갈릴리에서 주님께서 당신의 공생애를 시작하셨습니다. 갈릴리에서 시작하신 주님의 공생애 내용이 어떠했었는지를 오늘 본문이 보여 주고 있습니다. 마태복음 4장 23절을 보시겠습니다.

예수께서 온 갈릴리에 두루 다니사 그들의 회당에서 가르치시며 천국 복음을 전파하시며 백성 중의 모든 병과 모든 약한 것을 고치시니

공생애를 시작하신 주님께서 행하신 가장 중요한 사역은 첫 번째가 천국 복음을 전하시는 것이었고, 두 번째는 병자들의 모든 병을 고쳐 주시는 것이었습니다. 초기 주님의 공생애 사역은 말씀 사역과 치유 사역, 이 두 가지로 나타났던 것입니다.

예수님께서 병자들의 병을 고쳐 주신다는 소문이 삽시간에 퍼져나가기 시작했습니다. 어디까지 퍼져나갔습니까? 북쪽 레바논을 거쳐서 지금의 튀르키예 영토 수리아 땅까지 전해졌습니다. 수리아 땅은 대부분의 주민들이 이방인 아닙니까? 그 수리아 땅에서부터 온갖 종류의 병자들이 남쪽 갈릴리에 계시는 예수님을 찾아 나아왔습니다. 간질 걸린 사람, 귀신 들린 사람, 중풍병자들은 당시로서는 모두 불치병 환자들입니다. 그 모든 병자들이 주님을 찾아 나아왔는데 주님께서는 "야, 치료비 있어? 학력이 어느 정도야? 인격이 좀 고매하냐?"라고 묻지 않으시고 당신을 찾

아 나온 모든 병자들을 다 고쳐 주셨습니다.

마태복음 4장 25절입니다.

갈릴리와 데가볼리와 예루살렘과 유대와 요단 강 건너편
에서 수많은 무리가 따르니라

갈릴리에 204개의 성읍이 있다고 말씀드렸는데, 그 성읍
들 곳곳에서 사람들이 모여드는 것은 말할 것도 없고 데가
볼리에서도 사람들이 모여들었습니다. 데가볼리는 '10개의
도시들'이라는 의미인데, 헬라 제국의 알렉산드로스 대왕
이 죽은 뒤 그 후계자들이 헬라인들을 위해서 건설한 10개
도시 연맹체를 의미합니다. 이 10개 헬라인 도시 자체가 이
스라엘 전역에 퍼져 있었던 것입니다. 그 헬라인 도시 사람
들이 예수님을 찾아와서 병을 고침받았습니다. 그들은 모
두 이방인들이었습니다. 요단 강 동편에 있는 사람들이 주
님을 찾아왔고 예루살렘과 유대에 있는 남쪽 사람들도 주
님을 찾아 올라왔습니다.

주님께서는 지금 갈릴리에 계시는데 갈릴리 동서남북은
말할 것도 없고 갈릴리를 둘러싸고 있는 지역 가운데 서쪽

인 지중해, 즉 사람이 살지 않는 바다만 제외하고 남쪽, 동쪽, 북쪽에서 온갖 병자들이 다 주님을 찾아왔습니다. 그리고 주님께서는 조금도 차별하시지 않고 그들의 병을 다 고쳐 주셨습니다.

치유와 질문

이처럼 주님의 공생애 초기에 질병의 치유 사역은 대단히 중요한 비중을 차지했었습니다. 그렇다면 우리는 여기에서 질문을 제기하지 않을 수 없습니다. '왜 주님은, 삼위일체 하나님은 인간에게 병 주고 약 주시느냐?' 말입니다. 인간을 사랑하시면 처음부터 병들지 않게 해주셔야지, 왜 창조주께서 이 연약한 피조물을 병들게 하시고 병에 시달리게 한 다음에야 치유해 주시는 은혜를 베푸시는가? 창조주이신 삼위일체 하나님이 연약한 피조물을 가지고 장난치시는 것인가?

적어도 심한 질병에 시달린 그리스도인이라면 또는 가족 가운데 심한 질병에 걸려 있는 분을 부양해야 하는 그리스도인이라면 생애 한 번쯤은 이런 질문을 하나님 앞에 제기해 보았을 것입니다.

'하나님 왜 병 주고 약 주십니까?' 한 교우님이 제게 믿음의 어려움에 대해서 하소연을 했습니다. 자신은 지금까지 하나님께서 살아 계신다는 사실에 대해서는 단 한 번도 의심한 적이 없다고 했습니다. 그러나 이 세상에서 일어나고 있는 사건들을 보면, 하나님이 그 모든 사건들을 섭리하신다면, 하나님이 너무 잔인하게 여겨져서 성경이 우리에게 증언하는 사랑의 하나님을 도무지 믿을 수가 없다는 것입니다.

대화 중에 그분이 든 예가 바로 동물세계의 먹이사슬이었습니다. 우리가 잘 아는 것처럼 동물세계는 먹이사슬로 엮어져 있습니다. 약하고 여린 것이 강하고 거친 것의 밥이 되는 것입니다. 여러분, 어떤 짐승이든 어리고 약하고 여린 것은 얼마나 귀엽고 사랑스럽습니까? 그 사랑스러운 생명체가 단지 힘이 없고 여리다는 이유만으로 저보다 강하고 거친 것에게 잡아먹혀 죽는 것입니다. 동물의 세계만 그런 것이 아닙니다. 인간 세상도 따지고 보면 약육강식의 세상입니다. 강한 사람은 강할수록 약한 사람 위에 서서 군림합니다. 하나님께서는 약한 사람을 더 사랑하신다고 하는데 세상은 그렇지 않습니다. 언제나 힘 있고 강한 사람 편입니다.

확실히 그 성도님의 지적에는 일리가 있습니다. 하나님
께서는 사랑의 하나님이시라고 하는데, 왜 당신이 창조하
셨다는 동물의 세계 속에 그 잔인한 먹이사슬이 있게 하셨
는가? 하나님은 정의의 하나님이시라는데, 왜 하나님이 창
조하신 이 인간 세상은 약육강식의 세상이 되고 말았는가?
우리는 질문하지 않을 수 없습니다.

이사야 선지자가 역사의 종말이 도래했을 때 이루어질
새 하늘과 새 땅에 대해서 이렇게 증언합니다. 이사야서
11장 6-9절 말씀입니다.

그때에 이리가 어린 양과 함께 살며 표범이 어린 염소
와 함께 누우며 송아지와 어린 사자와 살진 짐승이 함께
있어 어린아이에게 끌리며 암소와 곰이 함께 먹으며 그것
들의 새끼가 함께 엎드리며 사자가 소처럼 풀을 먹을 것
이며 젖 먹는 아이가 독사의 구멍에서 장난하며 젖 뗀 어
린아이가 독사의 굴에 손을 넣을 것이라 내 거룩한 산 모
든 곳에서 해 됨도 없고 상함도 없을 것이니 이는 물이 바
다를 덮음같이 여호와를 아는 지식이 세상에 충만할 것임

이니라

새 하늘과 새 땅이 되면 이리와 양이 함께 논다는 것입니다. 현실적으로는 불가능합니다. 먹이사슬의 관점에서 볼 때 이리는 육식동물입니다. 양은 초식동물입니다. 이리와 양이 함께 있으면 100퍼센트 양은 먹혀 죽습니다. 그런데 그날이 되면 육식동물과 초식동물이 한데 어우러져서 산다는 것입니다 표범과 염소도 절대로 한데 어우러질 수 없습니다. 표범은 육식동물이고 염소는 초식동물이기에 같이 있으면 염소가 당합니다. 송아지와 사자도 함께 있을 수 없습니다. 송아지는 반드시 사자의 밥이 되고 맙니다.

그런데 새 하늘과 새 땅이 되면 이 맹수들과 약하고 여린 것들이 잡아먹거나 잡아먹히지 않고 함께 공존한다는 것입니다. 말하자면 동물 세계의 먹이사슬이 해체된다는 것입니다. 사자는 풀을 먹고 못 삽니다. 사자는 반드시 다른 짐승을 잡아먹어야 생존하는 육식동물입니다. 그런데 새 하늘과 새 땅이 이르면 육식동물인 사자가 풀을 뜯어 먹고 생존하는 초식동물로 바뀐다는 것입니다. 바꾸어 말하면 새 하늘과 새 땅이 도래하면 육식동물이 더 이상 존재하지 않고 지상의 모든 짐승들이 초식동물이 됨으로 동물의 세계에서 먹이사슬이 끊어진다는 것입니다.

생각만 해도 환상적이고 평화롭고 아름다운 광경입니다. 그런데 또 다른 질문이 제기됩니다. 왜 하나님께서는 역사의 종말이 되어서야, 새 하늘과 새 땅이 이르게 될 그때에야 동물의 세계에서 잔인한 먹이사슬을 해체하시는가? 왜 지금은 해체해 주시지 않는가? 아니, 왜 하나님께서는 천지를 창조하실 때부터 동물의 세계에 아예 먹이사슬이 없도록 하시지 않았는가? 적어도 지성을 지닌 그리스도인 치고 이런 질문을 하나님에게 솔직하게 던져 보지 않은 그리스도인들은 드물 것입니다.

대단히 논리적이고 지적인 질문 같지 않습니까? 이 질문에 대한 해답은 지극히 간단합니다. 질문 자체가 틀렸다는 것입니다. 창세기 1장은 하나님께서 천지를 어떻게 창조하셨는지 구체적인 내용을 우리에게 전해 줍니다. 하나님께서 궁창, 하늘을 만드셨습니다. 그런데 오늘날의 자연 세계와 하나님께서 천지를 창조하실 때의 자연 세계는 근본적으로 달랐습니다. 하나님께서 천지를 창조하실 때에는 하늘 위에도 물을 두시고 하늘 아래에도 물을 두셨습니다. 하늘 아래의 물은 두말할 것도 없이 호수, 강, 바다 물들입니다. 하늘 위의 물을 하나님께서 창조하실 때는 요즘 용어로 설명하면, 지구의 대기권 밖을 둘러싼 물층을 만드신 것입니다. 그러니까 하나님께서 창조하셨을 때의 세상에서는 인간에게 태양빛이 직접 닿지 않았습니다. 태양의 직사광선이 대기권 밖에 있는 두터운 물층을 뚫고 들어와야 하는데 그 물층을 뚫고 들어올 수가 없어 지상에 사는 인간은 태양의 직사광선의 폐해에 노출되지 않았습니다. 두터운 물층이 대기권을 둘러싸고 있기 때문에 이 지구는 마치 따뜻한 온실 같은 효과를 이루었습니다.

바로 그와 같은 자연조건이었기 때문에 하나님께서 창조하신 인간이 범죄로 말미암아 실낙원한 뒤에도 인간의 수명이 수백 년에 달했던 것입니다. 하나님께서 천지창조 시에 인간을 만드시고 인간에게 먹을거리를 주셨습니다. 하나님께서 인간에게 허락하신 먹을거리가 무엇이었습니까? 지상의 채소와 나무의 열매들이었습니다. 물이 대기권을 감싸고 있는 자연조건에서 인간은 육식을 할 필요가 없었습니다. 이 지상의 인간들은 채식만으로 살아가도 영양분을 공급받는 데에 조금도 부족함이 없었던 것입니다.

하나님께서 지상의 각종 동물을 만드셨습니다. 공중의 각종 새를 만드셨습니다. 그리고 "얘, 사자야, 표범아, 이리야, 너희들은 약한 것 잡아먹는 육식동물이 되거라." 이렇게 말씀하시지 않았습니다. 하나님께서는 지상의 모든 동물, 공중에 있는 모든 새에게 먹을 양식을 주셨는데 그것은 똑같이 풀이었습니다. 하나님께서 천지창조하실 때에는 육식동물이 없었던 것입니다. 모든 동물이 초식동물이었습니다. 대기권 밖을 두터운 물층이 둘러싸고 있는 그 자연조건에서는 육식동물이 존재할 수도, 존재할 필요도 없었습니다.

이것을 바꾸어 설명하면 무슨 말이 됩니까? 하나님께서 천지를 창조하실 때 육식동물이 없었다는 것은 천지창조 시에는 동물 세계에 먹이사슬이 없었다는 이야기입니다. 그래서 하나님께서 천지를 창조하실 때에는 이리와 양이, 표범과 염소가, 송아지와 사자가 함께 뒹구는 평화로운 자연세계였습니다. 그러나 인간의 범죄와 타락 그리고 끝내 하나님의 말씀을 거부한 완악함이 하나님의 심판을 초래했습니다.

우리가 잘 아는 물의 심판, 홍수의 심판입니다. 물로 지상의 모든 생명체를 쓸어버리는 그 무서운 심판 속에서도 하나님께서는 의로운 노아 가족 여덟 명을 살리셨습니다. 그 여덟 명으로 하여금 방주를 짓게 하시고 지상에 있는 모든 짐승과 공중에 있는 모든 새를 각 두 쌍씩 방주로 불러들림으로 그 홍수의 심판 속에서 살아남게 하셨습니다.

하나님께서 노아에게 방주만 지으라고 명령하신 것이 아니라 그 방주에 피신해 있는 동안에 노아 식구 여덟 명뿐만 아니라 방주 속으로 들어가는 모든 짐승과 모든 새 각 두 쌍씩이 먹어야 할 양식을 준비하게 하셨습니다. 노아가 방주 속으로 들어간 날은 600세 되던 해의 2월 10일입니다. 그리고 노아가 방주에서 나온 것은 601세 되던 해의 2월 27일입니다. 그러니까 노아는 그 방주 속에 1년 17일 동안 있었습니다.

많은 사람들은 노아가 방주 속에 40일 있었다고 착각합니다. 그러나 비가 온 날만 40일입니다. 비가 오고 나서 그 물이 세상에 창일 출렁출렁 넘치던 기간만도 150일입니다. 나머지 날들은 그 물이 다 빠지고 마르는 데 소요되었습니다. 다시 말해 노아는 1년 17일 동안 자기 가족이 먹어야 할 양식, 짐승과 새들이 먹어야 할 양식을 방주 속에 비치했는데 그 양식이 무엇이었습니까? 짐승과 새들을 위해서는 풀, 자기 가족을 위해서는 채소와 열매였습니다. 즉 하나님 께서 살리기로 작정하신 노아 식구들과 짐승들이 방주 속에 있을 때에도 모두 초식 동물이었다는 것입니다.

여러분, 한번 생각해 보십시오. 만약 그때 육식동물이 있어서 동물 세계에 먹이사슬이 있었다면 그 방주가 구원의 방주가 되겠습니까? 사자, 호랑이 정도 빼고는 1년 17일 동안 다 잡아먹혔을 것입니다. 어쩌면 노아의 여덟 식구도 잡아먹혔을지도 모릅니다. 노아의 방주가 구원의 방주일 수 있었던 것은 그 방주 속에 있던 모든 동물들이 초식동물이었기 때문에 가능했던 것입니다.

창세기 7장 11-12절입니다.

노아가 육백 세 되던 해 둘째 달 곧 그 달 열이렛날이라 그 날에 큰 깊음의 샘들이 터지며 하늘의 창문들이 열려 사십 주야를 비가 땅에 쏟아졌더라

노아가 600세 되던 해 2월 10일 방주 속으로 들어갔더니 하나님께서 밖에서 문을 닫아 거셨습니다. 그리고 7일이

지난 뒤에, 즉 노아 600세 되던 해 2월 17일부터 비가 쏟아지기 시작했는데 사십 주야를 쏟아진 것입니다. 그런데 창세기 구절을 보면 "하늘의 창문들이 열려 사십 주야를 쏟아졌더라"라고 되어 있습니다. 창세기 기자는 일반적으로 모세라고 알려져 있습니다. 그래서 우리는 '아, 창세기가 기록된 3,400년 전 모세에게는 전혀 과학적인 지식이 없었기 때문에, 하도 비가 많이 쏟아지니 하늘에 구멍이 뚫려 물이 줄줄 샌다고 여겨서 하늘의 창문들이 열렸다고 썼겠구나'라고 언뜻 생각할 수 있습니다.

그것이 아닙니다. 여러분, 만약 이 뉴저지에서 여름에 폭우가 온다고 할 때 24시간만 폭우가 오면 어떻게 됩니까? 물난리가 납니다. 다 떠내려갈 것입니다. 사흘 동안만 밤낮으로 쉬지 않고 폭우가 쏟아지면 비상사태가 선포될 것입니다. 장마철에 하늘에 아무리 먹구름이 끼어도 사흘 밤낮으로 비가 내리지 않습니다. 비가 오다가 멎다가, 구름이 형성되어서 또 비가 오다가 멎다가 이렇게 장마철이 계속됩니다.

40일 밤낮을 내린 이 비는 구름층에서 형성된 비가 아니었습니다. 구름층에서 형성된 비라면 절대로 사십 주야를 내릴 수 없습니다. 이때 비라고 표현된 이 물은 무엇입니까? 대기권 밖을 감싸고 있던 궁창 위의 물이 떨어져 내린 것입니다. 하나님께서 그 물층이 떨어지도록 하늘을 열어 버리신 것입니다. 그 물이 사십 주야 동안 쏟아졌습니다. 바꾸어 말하면 태양의 직사광선이 인간에게 닿지 않도록 차단막 역할을 해주던 보호막이 사라져버린 것입니다. 그 이후부터 인간은 태양의 직사광선을 직접 맞으면서 살게 되었습니다. 생태계에 대변화가 일어난 것입니다. 그때부터 인간과 동물의 세계에 중요한 변화가 일어나기 시작합니다.

첫 번째가 인간의 수명이 단축되기 시작한 것입니다. 대기권 위의 물이 다 없어진 후부터 인간의 수명이 600년, 500년, 400년, 300년, 200년, 백몇십 년 이렇게 계속 줄어듭니다. 두 번째가 창세기 9장 3절입니다. 하나님께서 노아에게 이렇게 말씀하십니다.

모든 산 동물은 너희의 먹을 것이 될지라 채소같이 내가 이것을 다 너희에게 주노라 대기권 밖의 물이 쏟아지기 전까지 하나님께서 인간에게 주신 먹을거리는 채소였습니다. 그런데 인간이 직사광선의 폐해에 노출되기 시작하면서 하나님께서 노아에게 '모든 짐승을 너희의 먹을거리로 주노라'고 말씀하셨습니다. 왜입니까? 하나님께서는 자신이 만든 인간이 이 직사광선의 폐해 속에서는 육식을 해야 생존할 수 있는 존재임을 알고 계셨기 때문입니다. 이 이후부터 인간만 육식을 한 것이 아니라 동물 세계에도 육식동물이 나타나기 시작했습니다. 그 결과 동물 세계의 잔인한 먹이사슬이 시작된 것입니다.

그러면 앞의 질문으로 되돌아가십시다. 왜 하나님께서 동물 세계의 잔인한 먹이사슬을 있게 하셨습니까? 하나님의 책임입니까? 결코 아닙니다. 그것은 인간의 죄로 말미암아 자연계와 생태계가 파괴되었기 때문입니다. 동물 세계의 잔인한 먹이사슬이 시작된 것은 하나님의 책임이 아니라 철저하게 인간의 책임입니다. 인간의 죄가 자연계를 파괴했고, 인간의 죄가 생태계의 질서를 무너뜨렸고, 인간의 죄가 평화로운 동물 세계에 잔인한 먹이사슬이 드러나게 했습니다. 그러므로 그 현상의 결과는 결코 하나님의 책임일 수 없는 것입니다.

그렇다면 이사야 선지자가 새 하늘과 새 땅이 도래할 때 육식동물이 초식동물로 바뀌어서 모든 동물이 한데 어우러지는 세상이 온다고 한 의미도 우리가 알게 됩니다. 그 역사의 종말이 되어서야 하나님께서 비로소 동물 세계의 먹이사슬을 해체하신다는 말이 아니라, 인간의 죄로 말미암아 동물 세계에 생겨나게 된 먹이사슬을 하나님께서 해체하심으로 먹이사슬이 없도록 한 창조시의 자연세계로 회복시키신다는 의미인 것입니다.

틀린 질문

그렇다면 처음의 질문으로 되돌아가 보십시다. 하나님께서 왜 병 주고 약 주십니까? 처음부터 병들지 말게 하시지, 병들도록 내버려 두고 왜 치유해 주는 선심을 베푸시는 것입니까? 인간의 육체가 병들 수밖에 없다면, 인간의 육체가 병들도록 창조하신 하나님의 책임일 수밖에 없지 않은가? 이제 우리는 이 질문 자체가 틀렸다는 사실을 알 수 있습니다.

하나님께서 태초에 인간을 창조하셨을 때에 인간은 죽

지 않는 존재였습니다. 인간의 죄가 육체의 죽음을 초래했습니다. 죄의 삯이 사망인 까닭입니다. 죽지 않는 존재인 인간의 육체에 죄로 말미암아 죽음이 왔다는 것은 무엇을 의미합니까? 본래 병들지 않는 육체로 만들어 주셨던 하나님의 선물인 인간의 육체가 죄의 결과로 병들지 않을 수 없는 육체로 전락해 버렸다는 것입니다. 그 이후부터 인간은 살아 있는 동안 내내 건강한 사람이라 할지라도 각종 질병에 시달리고 결국 병으로 그 육체가 죽습니다. 그러므로 인간의 육체가 병에 시달리고 병으로 죽어가는 것도 결코 하나님의 책임이 아닙니다. 인간 육체의 질병 또한 철저하게 인간의 책임입니다.

이 말을 오해하지 마시기 바랍니다. 만약에 지금 어느 분께서 심한 병을 앓고 계시다면 그분이 다른 사람보다 더 많은 죄가 있기 때문이거나 다른 사람보다 더 큰 죄인임을 의미함은 아니라는 것입니다. 어떤 인간이든 병에 시달리지 않을 수밖에 없게 된 근본적인 원인이 인간의 범죄에 있다는 의미에서 모든 질병의 책임은 철저하게 인간에게 있다는 말입니다.

히틀러 시대에 독일의 모든 국가교회는 히틀러의 하부

기관으로 전락했습니다. 독일 국가교회와 교인들은 온 유럽 대륙을 유린하는 히틀러와 독일군이 이기도록 기도했습니다. 교회성을 상실한 그 교회 속에서 참된 교회의 본질을 회복하기 위해서 자신의 생을 던졌던 사람이 여러분이 잘 알고 계시는 본회퍼 목사입니다.

본회퍼 목사는 히틀러 암살 계획에 가담했다가 체포당해 히틀러에 의해 교수형을 당합니다. 그에게는 사귀던 연인이 있었습니다. 그 연인의 이름이 마리아입니다. 마리아 역시 사랑하는 아버지와 오빠가 나치군에 징집당해 전장에서 무참하게 죽임당하는 아픔을 겪었습니다. 누구보다도 정직하게 살고 순박했던 아버지와 오빠가 야수와도 같은 히틀러의 야욕 때문에 무참하게 죽는 것을 보고 그녀는 본회퍼 목사님에게 편지를 써 보냈습니다. 하나님을 사랑하는 내 아버지, 내 어머니, 내 오빠를 어떻게 하나님께서 이렇게 무참하게 죽여 버릴 수 있느냐는 것이었습니다.

그 편지를 받고 본회퍼 목사가 마리아에게 쓴 답변 중에 이런 내용이 있습니다. "사람들을 죽이는 것은 세상과 인간의 증오와 악입니다. 하나님께서는 언제나 세상과 인간이 죽인 사람을 살리십니다. 하나님께서 당신의 아버지와 오빠의 삶을 마치게 하신 것이 아니라 그분들로 하여금 새로운 삶을 영원토록 시작하게 하셨습니다." 여러분, 하나님의 구원과 사랑을 이보다도 더 간단명료하고 구체적으로 표현할 수 있겠습니까? 히틀러는 마리아의 아버지와 오빠를 죽였습니다. 그러나 하나님은 그 아버지와 오빠를 예수 그리스도의 십자가 안에서 영원히 살리셨습니다. 이것이 본 회퍼 목사의 답변입니다.

우리가 살고 있는 이 세상에서 일어나고 있는 모든 문제, 잔인하게만 보이는 모든 사건의 모든 원인과 책임은 바로 우리 자신에게 있습니다. 우리의 죄가 자연계와 생태계를 파괴시켰고, 우리의 죄가 동물 세계의 잔인한 먹이사슬을 초래했고, 우리의 죄가 우리의 육체를 질병의 노예로 전락시켰고, 우리의 죄가 우리로 하여금 사망의 올무에서 벗어나지 못하게 한 것입니다.

그럼에도 불구하고 하나님께서는 자기 인생뿐만 아니라 이 세상을 문제투성이로 전락시킨 인간을 외면하시지 않습니다. 하나님께서는 인간이 파괴한 생태계와 자연 질서를 당신의 창조의 능력으로 지금도 보존하고 계시고 회복시켜 가시고 있습니다. 인간이 아무리 오염시켜도 회복시키시는 분이 하나님이십니다. 질병의 노예로 전락해 버린 인간을 위해서 하나님께서는 인간들에게 의학의 진보라는 선물을 주셨습니다. 의학의 진보라는 선물을 주시지 않았으면, 불과 1940-50년대 한국 남성의 평균 수명인 50세 정도를 따진다면 저는 지금 이 세상에 존재하지 않을 것입니다. 그뿐만이 아닙니다. 당신의 독생자이신 예수 그리스도를 십자가의 제물로 삼으심으로 우리를 사망의 올무에서부터 영원한 하나님의 나라의 백성이 되게 해주셨습니다.

예수님께서 이렇게 말씀하셨습니다. 마가복음 2장 17절입니다.

건강한 자에게는 의사가 쓸 데 없고 병든 자에게라야 쓸 데 있느니라 나는 의인을 부르러 온 것이 아니요 죄인을 부르러 왔노라

우리의 영혼이 병들지 않았다면, 우리로 인해 이 자연계가 병들어 신음하지 않았다면 구원자가 오실 필요가 없습니다. 우리가 영육 간에 병들었기 때문에, 우리로 인해 자연계와 이 세상이 온통 병들었기 때문에 우리를 살리기 위

한 구원자 메시아 그리스도 예수님께서 이 땅에 오셔야만 했던 것입니다. 오늘 본문을 제가 다시 읽어보겠습니다. 마태복음 4장 23절입니다.

예수께서 온 갈릴리에 두루 다니사 그들의 회당에서 가르치시며 천국 복음을 전파하시며 백성 중의 모든 병과 모든 약한 것을 고치시니

'고치시니'라는 단어가 나옵니다. 주님께서 모든 병을 고쳐 주셨다는 것입니다. 혹시 지금 연필을 갖고 계시는 분은 여러분이 가지고 계신 성경에 '고치시니'에 동그라미를 한 번 그려 보십시오.

마태복음 4장 24절을 읽겠습니다.

그의 소문이 온 수리아에 퍼진지라 사람들이 모든 앓는 자 곧 각종 병에 걸려서 고통 당하는 자, 귀신 들린 자, 간질하는 자, 중풍병자들을 데려오니 그들을 고치시더라

이 구절의 '고치시더라'에도 동그라미를 해보십시오. 모

든 병자를 또 고쳐 주셨다는 것입니다. 우리말로 '고치시더라'라는 말은 헬라말로 '테라퓨오θεραπεύω'라는 동사로 기록되어 있습니다. 이 '테라퓨오'에서 파생된 단어가 '치료'라는 뜻의 '테라피therapy'입니다. 중요한 것은 헬라어 동사 '테라피오'가 '고치다'는 의미만 있는 것이 아니라 '섬기다'라는 의미도 있다는 것입니다. 인간을 섬기기 위해 오신 분이 예수님이십니다. 인간을 섬기고 '테라퓨오' 하기 위해 오신 주님이시기에 인간의 질병을 '테라퓨오', 즉 치유해 주시는 것은 너무나 당연한 일이었습니다. 그래서 예수님의 초기 사역에서 인간 육체의 치유 사역은 대단히 중요한 사역이었습니다. 사역 초기에 예수님을 찾아온 모든 환자들을 '테라퓨오', 즉 섬기고 치유해 주셨다고 해서 성경에 등장하는 모든 인물이 무병장수했다는 것은 결코 아닙니다.

여러분, 구약성경에서 스케일이 크고 드라마틱한 기적을 일으키는 하나님의 도구가 되었던 사람은 모세입니다. 지팡이를 내어 밀면 홍해가 갈라지고, 반석에서 물이 터지고, 하늘에서 만나와 메추라기를 떨어지게 하는 것이 얼마나 인상적입니까. 그런데 구약성경을 계속 읽어보면 가장 많은 표적과 기사를 행했던 선지자는 엘리사입니다. 그는 이미 구약 시대에 오병이어의 역사도 일으키고, 소금으로 쓴물을 단물로도 만들며, 죽은 사람도 살려냅니다. 그런데 열왕기하 13장을 보면, 엘리사가 어떻게 죽었다고 되어 있습니까? "엘리사가 죽을 병에 들매"(왕하 13:14)라고 쓰여 있습니다.

엘리사가 죽자 그의 시신을 유대인들이 사용하는 공동 묘지인 동굴에 안치했습니다. 마침 모압의 도적들에게 죽은 사람이 있어서 그 시체를 거기 넣었는데 엘리사의 시체에 그 죽은 모압 사람의 시체가 닿자 엘리사가 벌떡 살아났습니다. 죽은 엘리사의 시신에도 능력이 남아 있었던 것입니다. 그런데 엘리사 본인은 정작 '죽을 병'에 걸려서 죽었습니다. 여러분, 성경은 하나님의 말씀 아닙니까? 하나님의 말씀이기 때문에 성경에 기록된 단어는 한 단어라도 의미가 있어 기록된 것입니다.

예를 들어, 그 위대한 엘리사가 죽을 때 '엘리사가 하나님의 부르심을 받았다'라고 표현하면 더 그럴싸하지 않습니까? 그런데 왜 죽을 병에 걸려서 죽었다고 표기했습니까? 엘리사는 죽을 병에 걸렸음에도 불구하고, 그가 죽은 뒤 시신에까지 능력이 있었음에도 불구하고 자기 육체의 병을 낫게 해달라고 기도하지 않았다는 사실을 우리에게 일깨워 주기 위함입니다. 엘리사는 병이 들었을 때 '아, 이제는 내가 세상을 떠나서 영원하신 하나님 앞에 서야 할 때구나'라는 사실을 깨닫고 주님께서 작정하신 그때를 기쁨으로 믿음으로 받아들였다는 것입니다.

우리가 잘 아는 위대한 사도 바울은 어떻습니까? 그가 루스드라에서 "네 발로 일어서라"고 한마디 하자 선천성 하반신 마비자가 벌떡 일어나지 않았습니까? 죽은 유두고를 살려내지 않았습니까? 얼마나 위대한 능력의 사도입니까? 그런데 그 바울에게 지병이 있었습니다. 바울이 그 육체의 가시를 거두어 달라고 하나님께 세 번을 간절히 기도했습니다. 여러분, 바울이 간절히 기도했다면 '하나님, 낫게 해주세요, 낫게 해주세요, 낫게 해주세요' 이렇게 세 번 이야기했다는 것이 아니지 않겠습니까? 며칠씩 금식기도를 하든가 밤을 새우면서 간절하게 기도하지 않았겠습니까? 그런데 하나님께서 바울의 모든 기도는 들어주시면서 바울 자신의 질병을 낫게 해달라는 기도에는 응답하시지 않았습니다. 그래서 바울이 절망하고 하나님께 '아니, 왜 내 병은 안 고쳐 주십니까'라고 따졌습니까? 아닙니다. 간절히 기도했지만 하나님께서 응답해 주시지 않을 때에 바울에게 더 큰 깨달음이 있었습니다. 하나님의 은혜가 이미 자신에게 족하다는 것입니다.

여러분, 한번 생각해 보십시오. 바울이 쓰는 글마다 성경이 되지 않았습니까? 그가 쓴 글이 신약성경의 4분의 1을 차지합니다. 복음서를 제외하면 신약성경 3분의 1을 바울이 쓴 것입니다. 아까도 말씀드렸듯이 죽은 사람을 살려내고 하반신 마비자를 일으킵니다. 어디를 가든지 설교하면 사람들이 회개하고 주님 앞으로 돌아옵니다. 그 바울이 육체적으로 건강했다면 저는 바울이 교주가 되었을 것이라고 생각합니다. 인간은 죄성을 지녔고, 자기도 모르게 교만에 빠지기 때문입니다. 하나님께서 그의 지병을 낫게 해달라는 기도를 들어주시지 않기 때문에 바울은 일평생 그 연약한 육체를 가지고 날마다 하나님의 은혜를 구하는 겸손한 삶을 살 수밖에 없었습니다. 그런 바울이 뭐라고 고백했습니까? "내가 가장 약할 때 가장 강하다."(고후 12:10) 지병을 가진 육체로, 그 약한 육체로는 자신의 인생을 자신이 지탱할 수 없음을 알기에 날마다 하나님의 은혜를 구할 수밖에 없었고, 약함 때문에 하나님께서 주시는 은혜가 자기 삶 속에서 넘침으로 자기가 더 강할 수 있었다는 것입니다.

공생애 초기 예수님의 질병 치유 사역을 전해 주는 오늘 본문처럼, 신약성경의 첫 번째 책 마태복음 16장에 이르기까지는 주님께서 당신을 찾아오는 모든 병자들을 가리지 않고 고쳐 주십니다. 그런데 16장을 분기점으로 그 이후에는 주님께서 병자들을 고쳐 주시지 않습니다. 환자가 찾아왔다는 기사도 없고, 환자들을 고쳐 주셨다는 기사도 없습니다. 단, 예외가 세 번 있습니다.

마태복음 17장을 보면 예수님께서 변화산에 올라가셔서 그 모습이 변화되는 장면이 나오는데, 그 모습이 얼마나 신비스러웠던지, 특히 주님께서 신비스럽게 변화된 모습으로 하늘에서 내려온 모세와 엘리야와 이야기하는 광경이 얼마나 황홀했던지 베드로가 "주님, 초막 세 채를 지어서 여기서 사십시다"라고 말할 정도였습니다. 주님께서 그 직후 산에서 내려오시자 한 아이의 아버지가 예수님 앞에 나왔습니다. 그가 "주님, 내 아들이 귀신에 들려서 불에도 넘어지고 물에도 빠지고 자기 생명을 스스로 해하고 있어 당신의 제자들에게 데려왔는데 제자들이 아무것도 못합니다"라고 고합니다. 그러자 예수님께서 그 아이에게서 귀신이 나가게 하시고 아이를 고쳐 주십니다. 무엇을 보여 주시기 위해서였습니까? 주님을 3년 동안 따라다녔음에도 여전히 무기력하기만 한 제자들의 실상을 보여 주기 위해 주님께서 치유해 주신 것입니다.

마태복음 20장을 보면, 예수님께서 이제 십자가에 못박혀 죽으시려고 예루살렘으로 향하기 위해 여리고를 통과하십니다. 그 여리고 길에서 두 맹인이 주님께 자비를 구하자 주님께서 그들의 눈을 열어 주십니다. 여러분께서 태어날 때부터 앞을 못 보는 맹인으로 평생을 사셨다고 하십시다. 그러다가 정말 두 눈을 번쩍 떠서 이 세상을 보게 되었다면 가장 먼저 무엇을 하실 것 같습니까? 그것이 무엇이든 여러분이 평소에 눈을 감고 살면서 '아, 내가 눈만 뜨면 이런 거 하고 싶어'라고 생각하던 일을 위해 제일 먼저 눈을 사용할 것입니다. 예를 들어, 집으로 뛰어가 가족들에게 치료된 모습을 보여 준다든가, 혼자 흠모하던 상대의 얼굴이 어떻게 생겼는지 확인한다든가, 미워하던 사람을 가서 본다든가 뭔가 자신을 위한 일을 할 것입니다. 그런데 복음서는 주님께서 두 맹인의 눈을 열어 주시고 '집으로 돌아가거라'(막 10:52) 하고 말씀하셨는데도 그들이 집으로

가거나 자기가 하고 싶은 일을 하지 않고 주님을 따랐다고 전합니다.

왜 주님께서 그 맹인들 눈을 열어 주셨습니까? 그 여리고 길에서 제자들은 뭐하고 있었습니까? 지금 예수님께서는 그 길을 십자가의 고난을 당하시기 위해서 가시는 것입니다. 그 길은 죽음의 길입니다. 고통의 길입니다. 그런데 그 길 위에서 제자들이 무엇을 했느냐면, 초능력자이신 예수님께서 예루살렘에 들어가시면 반드시 빌라도 총독을 쫓아내고 정치적인 독립을 쟁취하고 집권하실 테니까 '네가 좌의정할래, 내가 우의정할까? 너하고 나 중에서 누가 더 서열이 높은 자리를 차지할까?'를 생각하며 싸웠습니다. 제자들은 눈을 뜨고 있지만, 자신들과 함께 동행하는 주님에 대해서 여전히 맹인 상태였던 것입니다. 그러나 맹인이었던 두 사람은 눈을 뜨는 즉시 예수님을 은인으로 여겨서가 아니라 이분이 그리스도라는 사실을 알고 쫓습니다. 주님을 아는 눈뜬 두 맹인과 눈을 뜨고 있지만 실은 보지 못하는 열두 제자들, 이 두 그룹을 대비해서 보여 주시기 위해 여리고에서 두 맹인을 고쳐 주신 것입니다.

마태복음 16장 이후 주님께서 마지막으로 병자들을 고

치신 기록은 마태복음 21장에 나옵니다. 예수님께서 예루살렘 성전에 들어가셨는데 성전이 장사꾼들로 가득 차 있었습니다. 예수님께서는 분노하셨습니다. 그 장사꾼들의 좌판을 둘러엎으시고 노끈으로 채찍을 만들어 그들을 쫓아내셨습니다. 내 아버지의 집은 기도하는 집인데 너희들이 강도의 소굴로 만든다며 격노하셨습니다. 상인들로 오염되었던 성전을 주님께서 정화시키신 것입니다. 그때 맹인과 다리 저는 사람들이 주님 앞으로 나아와 주님께 고침받았다고 기록되어 있습니다. 우리에게 무엇을 일깨워 주기 위함입니까? 사도 바울은 예수 그리스도의 구원 이후에 벽돌로 된 집이 성전이 아니라 우리 자신이 성전이라고 하지 않습니까?(고전 3:16) 우리 자신을 한번 들여다보십시다. 마태복음 21장의 더러운 상인들로 가득 찬 강도의 소굴로 변한 예루살렘 성전과 똑같지 않습니까? 이 속이 온갖 더러운 탐욕과 욕망과 거짓으로 가득하지 않습니까? 그렇기 때문에 우리의 몸은 예배당을 다닌다 할지라도 우리의 심령 속에 하나님의 생명과 능력이 임하는 주님의 통로로 쓰임받지 못하는 것입니다. 그래서 성전 정화를 통해 그 성전이 비로소 주님의 치유의 통로가 되듯이 주님의 생명의 능력이 성전인 너희의 심령을 정화시키며 언제든지 너희를 통해 역사한다는 것을 보여 주시기 위해 정화된 성전에서 병자들을 고쳐 주신 것입니다.

이 세 가지 예외 말고는 마태복음 16장 이전처럼 찾아오는 병자를 다 고쳐 주셨다거나 온갖 병자들, 각색 병을 앓는 사람들을 다 고쳐 주셨다는 기록은 나오지 않습니다. 왜 그렇습니까? 마태복음 16장 16절에는 베드로의 위대한 신앙고백이 나옵니다. '주는 그리스도시요 살아 계신 하나님의 아들이십니다'라는 고백입니다. 주님께서 그 반석과도 같은 베드로의 고백 위에 내 교회를 세우리라고 말씀하시지 않습니까?(마 16:18) 인간의 몸을 입고 오신 나사렛 예수, 그분이 바로 성자 하나님 메시아시라는 것입니다. 그 사실이 베드로의 입에 의해서 밝혀지는 즉시 예수님께서 말씀하십니다. "이제 내가 예루살렘에 올라가면 십자가에 못 박혀 죽을 것이다. 그러나 3일째 되는 날 다시 살아날 것이다."(마 16:21) 주님께서 십자가 고난과 부활을 통해서 인간을 구원하시고 모든 인간의 구원을 위한 구원 사역을 성취하실 것임을 밝히신 것입니다.

여러분, 우리가 사도신경으로 우리의 신앙을 하나님께

고백하는데, 사도신경 내용을 잘 생각해 보십시오. 여러분에게 신앙고백서를 쓰라고 하면 어떻게 쓰시겠습니까? 대부분의 교인이 세례를 받기 위해서 신앙고백서를 제출할 때 "예수님께서 가나의 혼인잔치에서 물로 포도주를 변화시키신 것을 믿습니다. 물 위를 걸어가신 것도 믿습니다. 오병이어의 기적도 믿습니다. 그분이 제 주님이신 것도 믿습니다"라는 내용들을 씁니다. 그런데 예수님께서 정말 전능하신 성자 하나님이시라면 예수님에게 물로 포도주를 만드는 것이 기적일 수 있겠습니까? 그것은 우리에게는 기적이지만 예수님에게는 기적이 아닙니다.

우리가 고백하는 사도신경에는 "예수께서 성령으로 잉태하사 동정녀 마리아에게 나셨다"고 되어 있습니다. 그다음에 어떤 내용으로 연결됩니까? "본디오 빌라도에게 고난을 받으사, 십자가에 못박혀 죽으시고, 장사한 지 사흘 만에 죽은 자 가운데서 다시 살아나시며"라고 되어 있습니다. 사도신경의 고백 내용에는 주님께서 이 땅에서 보여 주신 표적과 기사가 하나도 포함되어 있지 않습니다. 기적 중의 가장 큰 기적은 무엇입니까? 하나님이 더러운 죄인을 살리시기 위해서 당신 자신이 제물이 되어 죽으셨다가 부활하셨다는 것입니다. 그 십자가의 예수님 안에서 모든 인간이 영원토록 생명을 얻게 되었다는 것입니다. 그보다 더 큰 기적이 있겠습니까? 그래서 사도신경에는 그 십자가의 고난과 부활만이 있습니다.

왜 마태복음 16장 이후에 육체의 질병을 고쳐 주시는 이야기가 더 이상 나오지 않습니까? 당신의 십자가 고난과 부활 속에서 죽음의 제물로 영원히 멸망해야 할 인간들을 영원히 살려내신 것보다 더 완전한 치유가 어디에 있습니까? 내가 질병에 걸렸는데 아무리 좋은 약을 먹고 아무리 주님의 초능력적인 은혜로 병이 나았다고 해도 이 육체는 절대로 천년만년 살지 못합니다. 이 육체는 때가 되면 호흡이 끊어지고 썩어 문드러집니다. 백 년 뒤에 우리 육체의 형체를 생각해 보십시오. 백 년 뒤에 우리는 다 썩어 문드러지고 없습니다. 그럼에도 불구하고 주님께서 당신의 십자가 보혈로 우리를 영원히 살리신 그 영원한 영적 치유보다 더 귀한 것이 없음을 깨달으라는 것입니다. 그래서 마태복음 16장 이후로는 십자가를 통한 주님의 완전한 구원, 영원한 치유만 우리에게 되새기게 해주시는 것입니다.

여러분께서 육체의 질병을 앓게 되면 주님의 도우심을

간구할 수 있습니다. 그것은 연약한 인간으로서 주님께 행할 수 있는 기도이고 당연히 지닐 수 있는 마음입니다. 그러나 만약 기도하셨음에도 불구하고 여러분의 병이 낫지 않는다면 사도 바울처럼 마태복음 16장 이후로 성숙하게 여러분의 믿음의 장을 넘겨야 합니다. 사도 바울은 질병을 고쳐달라고 기도했지만 나음을 입지 못하고 평생 병자로 살았습니다. 그러나 그는 병의 노예로 살지 않았습니다. 병자지만 병의 주인으로 살았습니다. 그래서 그 병자의 몸으로 날마다 주님의 은혜를 구하는 가운데에 우리가 아는 그 완전한 영적 사도의 발자취를 남길 수 있었던 것입니다.

모든 사람의 신앙은 마태복음 16장 이전부터 시작해야 합니다. 그러나 그 신앙은 자라가야 합니다. 그리고 때가 되면 16장 이후로 넘어가야 합니다. 그때 내 삶을 통해서 예수 그리스도의 십자가 고난과 부활의 영광이 드러나고 열매로 거두어지는 것입니다.

병들지 않고는

작년(2013년) 4월 29일이었습니다. 그 일주일 전에 제가 병원에서 전립선 열두 군데에서 세포를 뜯어내어 조직검사를 받았습니다. 병원 의사 선생님이신 장로님께서 그 결과를 저에게 전화로 알려 주셨습니다. "목사님, 암입니다. 열두 군데 중에 열한 군데에서 암세포가 나왔습니다." 그러니까 제 전립선이 온통 암 덩어리로 가득 차 있었던 것입니다. 그런데 제가 그 장로님으로부터 암 선고 전화를 받고 처음으로 드린 답변이 뭔지 아십니까? "장로님, 감사합니다"였습니다. 의례적인 인사가 아니었습니다. 전화를 통해서 장로님에게 드린 말이긴 하지만 실은 주님께 대한 제 고백이었습니다.

작년에 제 나이가 우리 나이로 65세였습니다. 저는 늘 궁금한 점이 있었습니다. 하나님께서 내 인생을 어떻게 끝나게 하실까? 사람이 60이 넘으면 언젠가 세상을 떠날 때를 준비해야 되지 않습니까? 하나님께서 제 인생을 어떻게 끝내고 매듭짓게 하시고 이 세상에서 데려가실 것인지 늘 궁금했습니다. 그런데 장로님의 그 전화를 받으면서 궁금증이 풀렸기 때문에 제가 감사하다고 말씀드린 것입니다. 여러분, 제가 작년 6월 21일에 수술을 받았고 올 1월까지 방사선 치료를 받았지만 암이라는 것이 완치가 될 수 있습니까? 완치되었다고 믿었는데 15년 만에 재발하기도 하지 않습니까? 즉 암에 한 번 걸렸다고 하는 것은 평생 조심하며 살아야 되는 것을 의미하는 것입니다.

여러분, 제 몸에 암세포가 들어 있다면 그 암세포 때문에 나머지 모든 세포가 하나님 앞에서 더 겸손하고 하나님의 은혜를 더 구하면서 살 수밖에 없게 된 것이 아닙니까? 하나님의 섭리 속에는 어둠도 역사하지 않습니까? 어둠이 있어야 빛의 의미를 압니다. 하나님의 섭리 속에는 혼돈도 역사합니다. 카오스가 있어야 코스모스의 가치를 압니다. 하나님께서 제 몸 속에 암세포가 있게 하심으로 저는 날마다 내가 가장 약할 때, 주님의 은혜 속에서 내가 가장 강할 수 있다고 고백하면서 제 인생을 매듭지어 갈 수 있게 된 것이 아닙니까? 제가 만약 나이가 들어가면서 교만에 빠지고 이기적인 삶으로 인생을 매듭짓고 하나님 앞에 선다면 하나님의 셈하심을, 하나님의 평가를 어떻게 받을 수 있겠습니까? 그러나 육체가 연약해졌기 때문에 오직 그분만 의지하면서 살게 되었다면 이것이야말로 감사의 조건이 아니겠습니까?

제가 암환자가 되고 나서 예전에 제가 읽고 감동을 받았다가 잊어 버렸던 내용들 가운데 두 내용이 절실하게 기억

낯습니다. 첫 번째는 일본의 여성작가 미우라 아야코의 고백문입니다. 여러분이 아시다시피 미우라 아야코 여사는 평생 병자로 살았습니다. 젊은 시절에 척추 카리에스(결핵성척추염)로 7년 동안 꼼짝없이 누워 있었습니다. 연세 드신 분들은 예전에 척추 카리에스가 얼마나 무서운 병인지 아실 것입니다. 척추 카리에스가 발병한 이래로 나이가 들어서 대장암으로 죽을 때까지 그는 평생 온갖 질병 속에서 살았습니다. 한 번도 그의 육체에서 병이 떠난 적이 없었습니다. 그런데 미우라 아야코 여사가 그 병 속에서 이렇게 고백했습니다.

병들지 않고는 드릴 수 없는 기도가 따로 있습니다. 병들지 않고는 들을 수 없는 하나님의 말씀이 따로 있습니다. 병들지 않고는 나아갈 수 없는 성소가 따로 있습니다. 아, 병들지 않고는 나는 사람이 될 수도 없었습니다.

여러분, 제가 암환자가 되었기 때문에 건강할 때에는 '이런 기도도 내가 하나님께 드릴 수 있을까' 하고 생각지도 못한 기도를 드릴 수 있는 내용이 있습니다. 내일이라도 제가 떠날 수 있기 때문입니다. 제가 암환자가 되었기 때문에 성경을 그렇게 계속 읽으면서도 듣지 못했던 하나님의 말씀을 따로 들을 수 있습니다. 암환자가 되었기 때문에 제가 어디에 가든 그곳이 하나님의 성소임을 느끼는 하나님의 은혜를 따로 느낄 수 있습니다. 암환자가 되었기 때문에 제 말년을 주님 앞에서 인간답게 매듭지을 수 있게 되었습니다. 얼마나 감사합니까?

또 하나 생각난 것은 고은 시인의 단 두 줄짜리 시입니다. 그 시 내용이 이렇습니다.

내려갈 때 보았네
올라갈 때 보지 못한 그 꽃

산을 오르는 사람의 눈에는 꽃이 잘 안 보입니다. 꽃뿐이겠습니까? 돌멩이도 풀도 보이지 않습니다. 올라가는 것만이 목적이기 때문입니다. 그런데 내려오면서 꽃이 보이는 것입니다. 내려오면서 올라갈 때 보지 못했던 바위도 보이고, 풀도 보이는 것입니다. 그동안 목사로 살았지만 주어진 목회에 전념하고 앞만 바라보며 살아와 제가 저 자신에 대해서 제대로 돌아보지 못했습니다. 암환자가 되어서 오늘 목사로 살고 있는 제 인생을 가만히 되돌아서 한번 뜯어보았습니다. 가끔 저는 '어, 내가 그래도 꽤 많이 안다'라고 생각했습니다. 하지만 아니었습니다. 돌아보니 저는 깡통입니다. 저는 하나님 앞에서 아는 것이 없습니다. 그럼에도 불구하고 오늘까지 살 수 있었던 것은 정말 하나님의 은혜로 인함입니다. 하나님의 은혜가 아니었다면 내가 여전히 밤거리를 허랑방탕하게 누비고 있을 터인데, 입으로만 이야기하던 하나님의 은혜가 내 인생의 소중한 꽃임을 확인하자 남은 생이 얼마인지 알지 못하지만 그분 손에 의탁하지 않을 수 없는 것입니다. 이 모든 것이 암을 통해서 하나님께서 제게 주신 은혜입니다.

사랑하는 교우 여러분, 아까도 말씀드렸지만 혹 심한 병 때문에 약도 쓰고 병원도 다녔지만 낫지 않는 육체의 연약함 때문에 절망하고 계십니까? 마태복음 16장 이전의 믿음으로 기도하십시오. 그러나 결과를 주님께 맡기십시오. 낫지 않더라도 절망하지 마십시오. 그 병 때문에 들을 수 있는 하나님의 말씀이 따로 있습니다. 그 병 때문에 드리지 않을 수 없는 기도가 따로 있습니다. 그 병 때문에 나아갈 수 있는 하나님의 성소가 따로 있습니다. 그 병 때문에 여러분의 삶이 날마다 사도 바울처럼 하나님께서 창조하신 사람다운 사람으로 빚어져 갈 수 있습니다. 그 병 때문에 예수 그리스도의 십자가의 고난과 부활의 섭리가 여러분의 삶을 통해 이 땅에 이루어질 수 있습니다.

여러분께서 그것을 깨닫고 주님께 인생을 맡긴다면 어떤 의미에서든 오늘은 여러분에게 진정한 치유의 날이 될 것이요, 주님 안에서 치유된 여러분으로 인해 여러분이 이루고 계시는 교회도 치유의 역사를 일으키는 주님의 통로가 될 것입니다. 이제 우리 모두 오른손을 가슴 위에 올리십시다. 그리고 혹 지병이 있으신 분, 병으로 시달리는 분이 계시면 왼손을 환부 위에 올려놓으십시다.

———

하나님 아버지, 이 시간 우리의 오른손을 가슴 위에 올렸습니다. 그리고 우리의 왼손을 우리 육체의 연약한 환부 위에 올렸습니다.

오늘 마태복음 4장을 통해서 이 땅에 오셔서 말씀 사역과 치유 사역으로 당신의 공생애를 시작하신 주님, 머리 숙인 한 분 한 분의 환부를 어루만져 주시고 치료해 주셔서 주님의 뜻이 있으시면 이분들이 이 시간부터 육체가 온전함을 얻을 수 있도록 은혜로 함께하여 주옵소서.

사도 바울처럼 일평생 지병을 지니고 살아가는 것이 더 주님을 위해서 살아가는 주님의 섭리라면 병의 노예가 되지 말게 해주시고, 병든 몸을 이끌고서도 그 누구보다도 주님의 사람으로 멋지게 살아가는, 영적으로 온전히 치유받은 영적 자유인들이 되게 하여 주옵소서.

그리하여 오늘이 영적이든 육적이든 진정한 치유의 날이 되게 하시고 주님 부르시는 그날까지 이 세상 그 어떤 것에도 얽매이지 않는 영적 자유인으로 살아가게 해주십시오. 예수님의 이름으로 기도드립니다. 아멘.

2019. 4. 21.
광주 동광교회 창립 58주년 기념예배

고생의 밥과 물

10 이스라엘의 왕과 유다의 여호사밧 왕이 왕복을 입고 사마리아 성문 어귀 광장에서 각기 왕좌에 앉아 있고 모든 선지자가 그들의 앞에서 예언을 하고 있는데 11 그나아나의 아들 시드기야는 자기를 위하여 철로 뿔들을 만들어 가지고 말하되 여호와의 말씀이 왕이 이것들로 아람 사람을 찔러 진멸하리라 하셨다 하고 12 모든 선지자도 그와 같이 예언하여 이르기를 길르앗 라못으로 올라가 승리를 얻으소서 여호와께서 그 성읍을 왕의 손에 넘기시리이다 하더라 13 미가야를 부르러 간 사신이 일러 이르되 선지자들의 말이 하나같이 왕에게 길하게 하니 청하건대 당신의 말도 그들 중 한 사람의 말처럼 길하게 하소서 14 미가야가 이르되 여호와께서 살아 계심을 두고 맹세하노니 여호와께서 내게 말씀하시는 것 곧 그것을 내가 말하리라 하고 15 이에 왕에게 이르니 왕이 그에게 이르되 미가야야 우리가 길르앗 라못으로 싸우러 가랴 또는 말랴 그가 왕께 이르되 올라가서 승리를 얻으소서 여호와께서 그 성읍을 왕의 손에 넘기시리이다 16 왕이 그에게 이르되 내가 몇 번이나 네게 맹세하게 하여야 네가 여호와의 이름으로 진실한 것으로만 내게 말하겠느냐 17 그가 이르되 내가 보니 온 이스라엘이 목자 없는 양같이 산에 흩어졌는데 여호와의 말씀이 이 무리에게 주인이 없으니 각각 평안히 자기의 집으로 돌아갈 것이니라 하셨나이다 18 이스라엘의 왕이 여호사밧 왕에게 이르되 저 사람이 내게 대하여 길한 것을 예언하지 아니하고 흉한 것을

예언하겠다고 당신에게 말씀하지 아니하였나이까 **19** 미가야가 이르되 그런즉 왕은 여호와의 말씀을 들으소서 내가 보니 여호와께서 그의 보좌에 앉으셨고 하늘의 만군이 그의 좌우편에 모시고 서 있는데 **20** 여호와께서 말씀하시기를 누가 아합을 꾀어 그를 길르앗 라못에 올라가서 죽게 할꼬 하시니 하나는 이렇게 하겠다 하고 또 하나는 저렇게 하겠다 하였는데 **21** 한 영이 나아와 여호와 앞에 서서 말하되 내가 그를 꾀겠나이다 **22** 여호와께서 그에게 이르시되 어떻게 하겠느냐 이르되 내가 나가서 거짓말하는 영이 되어 그의 모든 선지자들의 입에 있겠나이다 여호와께서 이르시되 너는 꾀겠고 또 이루리라 나가서 그리하라 하셨은즉 **23** 이제 여호와께서 거짓말하는 영을 왕의 이 모든 선지자의 입에 넣으셨고 또 여호와께서 왕에 대하여 화를 말씀하셨나이다 **24** 그나아나의 아들 시드기야가 가까이 와서 미가야의 뺨을 치며 이르되 여호와의 영이 나를 떠나 어디로 가서 네게 말씀하시더냐 **25** 미가야가 이르되 네가 골방에 들어가서 숨는 그날에 보리라 **26** 이스라엘의 왕이 이르되 미가야를 잡아 성주 아몬과 왕자 요아스에게로 끌고 돌아가서 **27** 말하기를 왕의 말씀이 이 놈을 옥에 가두고 내가 평안히 돌아올 때까지 고생의 떡과 고생의 물을 먹이라 하였다 하라 **28** 미가야가 이르되 왕이 참으로 평안히 돌아오시게 될진대 여호와께서 나를 통하여 말씀하지 아니하셨으리이다 또 이르되 너희 백성들아 다 들을지어다 하니라

열왕기상 22장 10-28절

저를 소개하실 때 100주년기념교회 '원로목사'라고 표기를 했습니다. 저는 원로목사가 아니고 100주년기념교회 '은퇴' 목사입니다. 100주년기념교회는 정관에 따라서 원로목사 제도가 없습니다. 혹 제가 외부에 나가서 원로목사를 사칭했다고 오해하는 분이 계실 수도 있을 것 같아서 미리 바로잡습니다.

마태복음 21장에는 예수님께서 예루살렘 성전을 정화하신 사건의 내용이 기록되어 있습니다. 예수님께서 예루살렘 성전에 들어가셨을 때, 거룩해야 할 예루살렘 성전이 장사꾼들에 의해서 추하게 오염되어 있었습니다. 세상의 시장터가 되어 있었던 것입니다. 진노하신 예수님께서는 성전을 가득 메우고 있던 장사꾼들의 좌판과 의자를 둘러엎으시고는 그들을 성전에서 쫓아내셨습니다. 그리고 예수님께서는 이렇게 질타하셨습니다. 마태복음 21장 13절입니다.

기록된 바 내 집은 기도하는 집이라 일컬음을 받으리라 하였거늘 너희는 강도의 소굴을 만드는도다 단지 '강도'라고 표현하지 않고 "강도의 소굴"이라고 말씀하셨습니다. 지금도 마찬가지입니다만 2천 년 전에도, 생존을 위해서 남의 집에 가서 빵을 훔쳐 먹는다거나 생필품을 훔치는 도둑은 좀도둑이라고 했습니다. 2천 년 전에 강도는 혼자 행동하지 않았습니다. 2천 년 전 팔레스타인의 강도들은 깊은 산속이나 광야에서 떼를 지어 무리를 지어 행동했습니다. 그들의 거처가 "강도의 소굴"입니다.

우리가 어느 영화나 동서양의 사극을 보면, 어느 시대든 강도의 소굴에는 뭔가 많습니다. 금은 패물이 있는가 하면 먹을 것도 많습니다. 강도들은 광야나 산을 지나는 상인들을 흉기로 위협하거나 아니면 죽여서 그들의 전 재산을 강탈하는 사람들입니다. 그뿐만 아니라 한 마을을 습격해서 그 마을 사람들을 협박하거나 죽여 그 마을의 전 재산을 훔쳐 가는 사람들입니다. 못 먹어서가 아닙니다. 더 많이 갖고, 더 많이 먹고, 더 잘 먹기 위함이었습니다.

예수님께서 예루살렘 성전을 보시건대 그 성전이 바로 그와 같은 강도의 소굴이었습니다. 여러분, 유대교 지도자들, 제사장들이 얼마나 화려한 옷을 입고 있었습니까. 제사를 드릴 때 얼마나 거룩하게 드렸습니까. 그런데 그들 모두 하나님의 이름을 이용해서 자기 배를 불리고 더 잘 먹기 위한 강도들이었고, 그들이 모여 있는 예루살렘 성전은 강도의 소굴이었던 것입니다.

그런데 마태복음 21장의 이 사건은 예수님께서 십자가에 못 박혀 돌아가시기 닷새 전에 일어났던 일입니다. 이를테면 예수님 공생애 마지막 순간에 일어났던 일입니다. 그런데 요한복음 2장에 보면 예수님께서 성전을 정화하신 사건의 내용이 동일하게 또다시 기록되어 있습니다. 마태복음 21장이 예수님 공생애 최후의 시점의 사건이었다면 요한복음 2장은 그 3년 전인, 예수님께서 공생애를 시작하신 직후의 일이었습니다.

공생애를 시작하신 예수님께서 가나의 혼인 잔치에서 어머니의 강권에 의해 물로 포도주를 만드는 이적을 베푸시지 않습니까? 그 직후에 행하신 것이 예루살렘 성전에 들어가서 성전을 정화하신 사건입니다. 그때도 예루살렘 성전에는 장사꾼들이 가득 차 있었습니다. 요한복음 2장에서 성전을 정화하실 때에는 예수님께서 더 격하게 하셨습니다. 마태복음 21장에서는 그들의 좌판과 의자를 뒤엎고 그들을 쫓아내기만 하셨는데, 요한복음 2장에서는 노끈으로 채찍을 만들어 휘두르시면서 그들을 쫓아내셨습니다.

　자, 보십시다. 예수님의 공생애 기간이 이 땅에서 3년밖에 되지 않았는데, 예수님의 공생애는 성전 정화로 시작해서 성전 정화로 끝났습니다. 무엇을 의미하겠습니까? 성전이 거룩함을 견지하기가 그만큼 어렵다는 것입니다. 성전이 왜 거룩해야 합니까? 거룩하신 하나님의 집이기 때문입니다. 거룩은 '구별'이지 않습니까? 우리가 거룩해진다는 것, 거룩하게 한다는 것은 우리 스스로 구별된 삶을 사는 것, 교회를 구별되게 하는 것을 의미합니다.

　인간들이 하나님의 집인 성전을 거룩하게 구별하려면 결국 자기를 거룩하게 구별해야 하는데, 자기를 거룩하게 구별하는 일이 그만큼 어려웠던 것입니다. 그래서 예수님께서는 공생애를 성전 정화로 시작하셔서 성전 정화로 마무리하셨습니다.

　예수님께서 우리의 죗값을 대신 치러 주시기 위한 제물로 십자가에서 못 박혀 돌아가시는 순간에 예루살렘 성전 지성소를 가로막고 있던 휘장이 찢어졌습니다. 이로써 누구든지 하나님 앞에 나아갈 수 있게 되었습니다. 그 이후부터 성전은 더 이상 벽돌과 나무로 지어진 집이 아닙니다.

사도 바울이 고린도전서 3장 16-17절을 통해 이렇게 증언합니다.

> 너희는 너희가 하나님의 성전인 것과 하나님의 성령이 너희 안에 계시는 것을 알지 못하느냐 누구든지 하나님의 성전을 더럽히면 하나님이 그 사람을 멸하시리라 하나님의 성전은 거룩하니 너희도 그러하니라

이제는 더 이상 벽돌과 나무로 지어진 집이 성전이 아니라는 것입니다. 하나님의 영은 더 이상 예루살렘 성전 지성소에 갇혀 계시지 않습니다. 예수님께서 부활하신 뒤에 이 땅에 강림하신 삼위일체 하나님, 영이신 성령 하나님께서는 바로 우리 마음속에 계십니다. 그분이 우리 마음속에 계시기 때문에 우리 자신이 성전입니다. 우리가 어디를 가든지 우리의 마음속에 좌정하고 계신 그분이 우리와 함께 동행하고 계십니다. 그래서 내가 그분을 모시고 광야에 서 있으면 광야에 성전이 있는 것이고, 내가 산속에 있으면 산속이 성전이 됩니다.

그러면 이 집은 무엇입니까? 이 집은 성전이 아니라 각

각 성전인 그리스도인인 우리가 함께 모여 예배드리는 '예배당'인 것입니다. 많은 교인들이 기도할 때 '하나님, 오늘도 성전에 나오게 해주셔서 감사합니다'라고 기도합니다. 그런 기도는 성경과 일치하는 기도일 수 없습니다. 성전은 우리 각자이고 우리 각자인 성전이 모여서 함께 예배드리는 곳은 예배당이 되는 것입니다. 그러므로 우리 각자가 하나님의 영이 거하시는 성전이기에, 너희는 반드시 거룩하라는 것은 하나님의 명령입니다. 거룩해야 될 예루살렘 성전이 장사꾼들에 의해 오염되었을 때 그 성전은 주후 70년, 로마제국 티투스 장군에 의해서 돌 위에 돌 하나도 남지 않고 결국 초토화되었습니다.

예수 그리스도 안에서 오늘날 우리가 성령님을 모신 성전이라면, 우리가 거룩한 성전으로 구별된 삶을 살지 아니할 때 하나님께서 우리와 함께하시지 아니하실 것임은 두말할 나위가 없지 않습니까? 교회를 헬라어로 '에클레시아 ἐκκλησία'라고 합니다. 잘 아시겠습니다만 에클레시아는 '부름받은 사람'이라는 뜻입니다. 우리는 다 예수 그리스도의 십자가에 의해 부름받은 사람들입니다. 무엇을 위해, 어디로 부름받은 사람들입니까? 십자가로, 십자가의 구별된 삶으로 부름받은 사람입니다. 십자가의 구별된 삶은 세상과는 전혀 다른 거룩한 삶인 것입니다. 각자 성전인 우리가 거룩한 삶을 살면 우리가 모여 있는 교회는 거룩해질 수밖에 없습니다. 교회는 벽돌과 집이 아니라 주님을 믿는 사람들의 모임이기 때문입니다.

믿음을 보겠느냐

그런데 오늘날 교회는 거룩합니까? 우리 각자는 거룩한 성도입니까? 이미 이 부분에 대해서, 이 질문에 대해서 2천년 전에 사도 바울이 이렇게 대답을 했습니다.

디모데후서 3장 1-5절입니다.

너는 이것을 알라 말세에 고통하는 때가 이르러 사람들이 자기를 사랑하며 돈을 사랑하며 자랑하며 교만하며 비방하며 부모를 거역하며 감사하지 아니하며 거룩하지 아니하며 무정하며 원통함을 풀지 아니하며 모함하며 절제하지 못하며 사나우며 선한 것을 좋아하지 아니하며 배신하며 조급하며 자만하며 쾌락을 사랑하기를 하나님 사랑하는 것보다 더하며 경건의 모양은 있으나 경건의 능력은

부인하니 이 같은 자들에게서 네가 돌아서라

이 말씀에서 사도 바울이 말세에 사람들이 어떤 삶을 살 것인지를 밝혀 주는데, 어떻습니까? 우리 얘기이지 않습니까? 오늘날 세태 이야기 아닙니까? 성경이 말하는 말세, 종말에는 두 가지 의미가 있습니다. 첫째 의미는 문자 그대로 지구의 종말, 역사의 종말을 뜻합니다. 주님께서 재림하셔서 세상이 주님의 심판대 앞에 서는 역사의 종말이 첫 번째 말세입니다. 두 번째 말세가 있습니다. 첫 번째 종말은 언제 올지 예수님도 모르신다고 하시지 않았습니까? 그런데 우리가 확실하게 아는 두 번째 종말이 있습니다. 그 두 번째 종말은 우리 각자의 죽음입니다. 우리는 절대로 이 세상에서 천년만년 살지 않습니다. 우리는 반드시 이 세상을 떠나게 되어 있습니다. 죽음을 통해서 말입니다. 그래서 우리 각자가 죽는 그 순간이, 나 각자에게는, 우리 각자에게는 우리의 말세고 우리의 종말입니다.

어떻습니까, 여러분. 지금 바울이 디모데후서 3장 1-5절까지 말세의 징조를 언급한 이 내용이 나이가 들어갈수록 우리 삶에 고스란히 적용되지 않습니까. 바울의 이 말을 한

마디로 적용하면, 말세가 되어 갈수록 나이가 들어 갈수록 노욕이 심해질수록, 가진 것이 없어서가 아니라 더 잘 먹고 더 잘살기 위해서 자기중심적인 인간이 될 것이라는 말입니다.

제가 다시 읽어 보겠습니다. 여러분들은 이 말씀의 거울에 자신을 한번 비춰 보십시오.

너는 이것을 알라 말세에 고통하는 때가 이르러 사람들이 자기를 사랑하며 돈을 사랑하며 자랑하며 교만하며 비방하며 부모를 거역하며 감사하지 아니하며 거룩하지 아니하며 무정하며 원통함을 풀지 아니하며 모함하며 절제하지 못하며 사나우며 선한 것을 좋아하지 아니하며 배신하며 조급하며 자만하며 쾌락을 사랑하기를 하나님 사랑하는 것보다 더하며 경건의 모양은 있으나 경건의 능력은 부인하니 이 같은 자들에게서 네가 돌아서라 (딤후 3:1-5)

여러분, 이 바울의 말이 우리 각자를 향한 말씀이라면, 바로 우리의 지금 현실을 이야기하고 있는 것이라면, 그러면 이제 우리는 누가복음 18장에 드러나 있는 재판장과 과

부의 비유 내용을 비로소 정확하게 이해할 수 있습니다. 예수님께서 쉬지 말고 기도하면서 낙심하지 말 것을 제자들에게 일러 비유로 말씀해 주신 내용입니다.

어느 마을에 불의한 재판관이 있었습니다. 그 불의한 재판관은 하나님을 두려워하지 않았습니다. 하나님을 두려워하지 않는다는 것은 무슨 말이겠습니까? 뇌물을 받고 판결을 굽게 합니다. 사람을 귀하게 여기지 않습니다. 그런데 그 재판관에게 가서 한 과부가 '재판관님, 내 원수에게서 나의 원한을 풀어 주십시오'라고 부탁했습니다.

그 재판관이 이 돈 없는 가난한 과부의 말을 들어주겠습니까? 그는 그 과부의 말을 들은 척만 척했습니다. 그랬더니 과부가 밤에도 찾아오고 낮에도 찾아옵니다. 불의한 재판관의 생각이 바뀌었습니다. '어, 저 여자 성질을 보니 내가 저 여자의 청을 안 들어주면 매일 와서 나를 닦달하겠네. 귀찮으니 저 여자의 청을 들어주자.' 그리고 예수님께서 누가복음 18장 6-8절을 통해 이렇게 말씀하셨습니다.

주께서 또 이르시되 불의한 재판장이 말한 것을 들으라 하물며 하나님께서 그 밤낮 부르짖는 택하신 자들의 원한을

풀어 주지 아니하시겠느냐 그들에게 오래 참으시겠느냐 내가 너희에게 이르노니 속히 그 원한을 풀어 주시리라

'불의한 재판관도, 뇌물 바치지 않는 가난하고 불쌍한 한 과부가 가서 계속 청원을 넣으면 그 부탁을 받아 주거늘 하물며 하나님께서 당신의 백성이 원한을 풀어 달라고 기도하는데 그 기도를 속히 들어주시지 않겠느냐?' 그래서 이 말씀이 기도회에서 단골로 인용됩니다. 하나님께 계속해서 부르짖으면 하나님께서 들어주신다는 것입니다. 그런데 예수님의 비유의 말씀이 거기서 끝나지를 않았습니다. 누가복음 18장의 재판장과 과부의 비유는 이렇게 끝이 납니다.

그러나 인자가 올 때에 세상에서 믿음을 보겠느냐 하시니라(눅 18:8하)

많은 이들이 불의한 재판관 비유를 가져와서 '쉬지 말고 하나님 아버지 앞에 기도해라. 하나님 아버지께서 안 들어주시겠느냐?'라고 합니다. 그래서 여러분들, 새벽에도 기

도하시지 않습니까? 금요일에도 기도하시지 않습니까? 쉬지 않고 기도하시지 않습니까? 그러면 얼마나 믿음이 좋은 겁니까? 그러면 하나님께서 '말세에 믿음 좋은 사람들이 도처에 있을 것이다', 이렇게 말씀하셔야 될 터인데 그렇지를 않습니다.

"인자가 올 때에." 인자가 올 때는 재림하실 때, 말세를 말합니다. '말세가 되었을 때 내가 믿음을 보겠느냐?'라고 하십니다. 주님께서 왜 이런 말씀을 하셨겠습니까? 여러분들은 쉬지 않고 무엇을 위해서 기도하십니까? 더 잘 먹고 더 잘살기 위해서 쉬지 않고 기도합니다. 이 불쌍한 과부는 무엇을 위해 기도했습니까? 내 원수에게서 내 원한을 풀어달라는 것입니다. 표준새번역은 그 내용을 이렇게 쉽게 번역해 놓았습니다.

내 적대자에게서 내 권리를 찾아주소서(눅 18:3)

이 가난한 과부가 적대자로 부른 그 사람이 부자인지 권력자인지는 알 수 없습니다. 그런데 그 사람이 이 가난한 과부가 살아가야 할 생존의 권리를 짓밟는 것입니다. 이 생존의 권리를 찾아 달라는 것입니다. 바꾸어 말하면, '하나님의 공의가 이루어지게 해주십시오'라는 것입니다. 주석을 가하자면, '내가 세상과 구별해서 하나님의 거룩한 뜻을 좇아 살 수 있는 권리를 나에게 허락해 주소서!'입니다.

이 가난한 과부는 '주님, 나 가난하지 않습니까? 내 남편 죽은 거 아시죠. 남편이 남겨 놓은 빚 내가 다 갚고 있습니다. 자식들 내가 다 학교 보냈습니다. 나에게 돈 주세요. 내 자식 출세시켜 주세요. 내 자식 사업 성공하게 해주세요'라고 기도하지 않았습니다. '하나님의 선민으로서 이 땅에서 살아갈 수 있는 권리를 내게 주십시오. 하나님의 공의가 세워지게 해주십시오. 거룩하게 살 수 있는 권리가 나에게 주어지도록 하나님, 역사해 주십시오'라고 기도했습니다.

주님께서 '인자가 이 세상에 올 때에 믿음을 보겠느냐?'라고 하신 말씀은 '말세가 되었을 때에 하나님의 공의를 위해서, 거룩한 삶을 위해서, 구별된 뜻을 위해서 기도하는 자들을 내가 볼 수 있겠느냐?', 즉 바울의 디모데후서 3장 1-5절과 정확하게 일치하는 말씀입니다.

그러면 우리는 여기에서 해답을 얻을 수 있습니다. 왜 말세에 사람들이 다 스스로 하나님이 되고 자기중심적이 되고 하나님을 믿는다고 하면서도 돈을 더 사랑하는가? 바르게 사는 데는 관심이 없고, 더 잘살고 더 잘 먹기 위함입니다. 예루살렘 성전이 거룩해야 될 아버지 집인데, 왜 거기 그 거룩한 하나님의 집을 대제사장들과 결탁한 장사꾼들이 시장터로, 강도의 소굴로 만들고 있었는가?

그들이 못 먹고살아서 그랬겠습니까? 아닙니다. 더 잘 먹고 더 잘살기 위함이었습니다. 오늘날 한국 교회가 왜 교회다움을 상실했습니까? 왜 세상으로부터 신뢰를 받지 못하고 있습니까? 이유는 간단합니다. 교회를 이루고 있는 우리의 삶의 목적이 하나님의 말씀을 좇아서 바르게 사는 것이 아니라, 무슨 수를 쓰든 더 잘 먹고 더 잘사는 데 있기 때문입니다.

그렇다면 어떻게 하면 한국 교회가 새롭게 소생될 것인가? 그 해답도 너무나 자명합니다. 교회를 이루고 있는 우리가, 잘 먹고 잘사는 것이 더 이상 우리 삶의 목표가 되게 하는 것이 아니라 이제부터 주님의 말씀을 따라 바르게 살고 내가 그리스도인다운 그리스도인으로, 목사다운 목사로, 교회다운 교회로 우리 자신을 바로 세워 가는 것이 이 땅의 교회를 소생시키는 첩경이 됩니다.

400대 1

오늘의 본문(왕상 22:10-28)은 북이스라엘 왕국의 패역한 왕 아합에 대한 내용입니다. 북이스라엘의 아합 왕은, 선량한 사람 나봇을 자기 아내 이세벨의 교활한 계교로 모함해서 죽이고 그 포도원을 강탈할 정도로 하나님 앞에서 온갖 패역한 짓을 자행했습니다. 어느 날, 남왕국의 여호사밧이 그 북왕국의 아합 왕을 찾아갔습니다. 그리고 두 왕의 군대가 연합해서 아람 왕과 전쟁을 치르게 되었습니다. 남왕국에서 올라간 여호사밧 왕이 아합 왕보다는 그래도 조금 더 믿음이 깊었나 봅니다. 전투를 하러 나가기 전에 남왕국의 여호사밧 왕이 북왕국 아합 왕에게 '왕이여, 이 땅에 선지자가 없습니까? 선지자를 불러서 하나님의 말씀을 좀 들어 보고 나가면 어떻습니까?'라고 했더니, 북왕국의 아합 왕이 북왕국 수도 사마리아에 있는 선지자들을 다 불러 모았습니다. 약 400여 명이었습니다. 그 400여 명이 입을 맞춘 듯이 이 전투에 나가면 왕이 크게 승리하고 돌아온다고 했습니다. 그들의 말을 듣고 아합 왕은 지금 고무되고 있습니다.

그런데 그 400명이나 되는 선지자가 지금 하나님의 말씀이라고 이야기하고 있는데, 남왕국에서 간 여호사밧이 보건대는 그들이 세상에서 닳고닳은 사람들입니다. 자기가 보기에 그들이 하는 말이 도저히 하나님 말씀처럼 안 들립니다. 그래서 여호사밧이 아합 왕에게 '왕이여, 저 사람들 말고 다른 선지자는 없습니까?'라고 합니다. 그랬더니 아합 왕이 이렇게 대답을 합니다. '미가야라는 선지자가 한 명 있긴 한데 그 선지자는 매번 내가 듣기 싫은 소리만 합니다. 바꿔 말하면 재수 없는 소리만 합니다. 그래서 안 불렀습니다.' 이 말을 들은 여호사밧 왕이 '아유, 그래도 그 선지자 한번 불러 보시죠. 그의 말도 한번 들어 보십시다'라고 합니다. 그래서 아합 왕이 자기 사신을 미가야가 있는 성으로 보냈습니다. 빨리 입궐하라고 말입니다.

사신이 가서 미가야를 데리고 오는 동안에도 400여 명의 선지자들은 돌아가면서 아합 왕의 승리를 계속 예언합니다. 그 400여 명 선지자들 중에 우두머리가 있었습니다. 그 우두머리의 이름은 시드기야입니다. 이 시드기야라는 사람은 쇠로 만든 뿔을 들고 와서 그 철뿔을 휘두르면서 '아합 왕 당신이 이렇게 상대를 도륙하고 승리할 것입니다'라고 합니다. 그랬더니 나머지 400여 명의 선지자들이 자기네들 우두머리 시드기야의 예언에 박수를 치며 다 화답

하면서 '그렇게 될 겁니다. 될 겁니다'라고 했습니다.

아합 왕이 보낸 사신이 선지자 미가야에게 도착을 했습니다. 그가 선지자 미가야에게 이렇게 이야기했습니다. 본문 13절입니다.

미가야를 부르러 간 사신이 일러 이르되 선지자들의 말이 하나같이 왕에게 길하게 하니 청하건대 당신의 말도 그들 중 한 사람의 말처럼 길하게 하소서

여러분, 지금 사마리아에 있는 400여 명은 '선지자'들입니다. 선지자는 어떤 사람입니까? 사람의 말이 아니라 하나님의 말을 전해야 하는 사람들입니다. 그런데 왕의 사신이 미가야에게 하는 말이 '사마리아에 있는 모든 선지자들이 왕이 듣기에 좋은 이야기를 했으니까 미가야 선지자 당신도 왕이 듣기에 좋은 이야기를 하세요'라고 합니다. 바꾸어 말하면 '하나님의 말씀을 빙자해서 왕에게 듣기 좋은 이야기를 하세요' 하고 거짓을 사주하는 것입니다. 그 말을 들은 미가야가 14절에서 이렇게 증언합니다.

미가야가 이르되 여호와께서 살아 계심을 두고 맹세하노니 여호와께서 내게 말씀하시는 것 곧 그것을 내가 말하리라 하고

미가야는 이렇게 대답합니다. 설명을 가하자면, '나는 어떤 경우에도 권력자, 부자, 힘 있는 자의 귀에 듣기 좋은 소리를 하지 않을 것이다. 나는 무슨 말이든 하나님께서 내 입에 넣어 주시는 하나님의 말씀, 그 말씀만을 전할 것이다'라고 한 것입니다. 바꾸어 말하면, '선지자로서의 사명을 나는 결코 유기하지 않을 것이다' 그 말이었습니다.

미가야가 사마리아 수도로 갔습니다. 그리고 아합 왕과 여호사밧 왕에게 예언을 했는데, 그 왕들에게 전한 예언은 명쾌했습니다. '아합 왕이여, 당신의 승리를 장담하는 저 400여 명 선지자들의 예언은 하나님의 말씀이 아니고 거짓 영, 사탄의 농간입니다. 당신은 절대 승리하지 못합니다. 당신은 이 전투에서 죽습니다.' 미가야는 하나님께서 주신 말씀을 그대로 전했습니다. 미가야가 그렇게 말을 전하니 아합 왕의 승리를 장담했던 400여 명의 선지자 그룹의 리더 시드기야가 이렇게 행동합니다. 24절을 보십시오.

그나아나의 아들 시드기야가 가까이 와서 미가야의 뺨을
치며 이르되 여호와의 영이 나를 떠나 어디로 가서 네게
말씀하시더냐

시드기야가 미가야한테 와서 뺨을 때리면서 말을 합니
다. '여호와의 영은 내 건데, 여호와의 영은 내 속에 있는데,
내가 여호와의 영을 너한테 준 적이 없는데, 여호와의 영이
나한테서 빠져나간 적이 없는데, 언제 하나님의 영이 너한
테 그런 말씀을 주셨다고 네가 거짓부렁이를 하냐?' 그러
니까 이 시드기야는 하나님의 영, 성령을 자기의 소유물로
인식하고 있는 사람입니다. 거기에 대해서 미가야가 25절
을 통해 이렇게 대답했습니다.

미가야가 이르되 네가 골방에 들어가서 숨는 그날에 보
리라

'하나님의 영이 언제 너한테 들어왔느냐고? 두고 봐라.
이제 아합 왕이 죽을 거다. 그러면 너는 부끄러워서, 또 세
상 사람들이 너를 쳐 죽이려고 해서, 너는 두려워서 골방

에 가서 숨을 거다. 그날 하나님의 영이 너한테 있지 않고 하나님의 영이 나에게 임해 계신다는 걸 알 것이다.' 그러나 이 장면을 아합 왕의 입장에서 생각해 보십시오. 400명의 선지자는 한결같이 아합 왕의 승리를 장담하는데, 평소에 재수 없는 소리를 하던 미가야 한 사람이 또 '아합 왕이 진다' 그런단 말입니다. 그러니까 아합 왕이 얼마나 기분이 나쁘겠습니까? 가만히 있겠습니까? 26절에서 27절입니다.

이스라엘의 왕이 이르되 미가야를 잡아 성주 아몬과 왕자 요아스에게로 끌고 돌아가서 말하기를 왕의 말씀이 이놈을 옥에 가두고 내가 평안히 돌아올 때까지 고생의 떡과 고생의 물을 먹이라 하였다 하라

미가야의 예언에 격분한 아합 왕이 부하들에게 명령을 했습니다. '미가야가 살고 있는 성으로 미가야를 데리고 가서 그 성주 아몬 그리고 그 성의 왕자라고 불리는 요아스에게 이놈을 맡겨서 감옥에 투옥시켜라. 그리고 내가 전투에서 반드시 승리하고 돌아올 것이니 승리하고 돌아올 때까지 고생의 떡과 물만 줘라.'

여러분, 성경 신약과 구약을 통틀어서 '떡'이라고 번역되어 있는 부분은 다 적절한 번역이 아닙니다. 히브리어 원문에 '레헴מֶחֶם'이라고 기록된 것을 우리말 성경은 '떡'이라고 번역했습니다. 예수님께서 최후의 만찬을 가지실 때 제자들에게 빵을 찢어 주시면서 '이것은 너희를 위한 내 몸이다'라고 하셨는데, 마태복음 26장에도 '떡'을 찢어 주셨다고 되어 있습니다. 헬라어로는 '아르토스ἄρτος'입니다. 그건 떡이 아니고 빵입니다. 중동 사람들에게 떡은 간식이지만 빵은 주식입니다. 지금 이 왕이 하는 말이 '저 사람에게 고생의 간식을 주라'는 말이 아닙니다. 간식은 먹어도 되고 안 먹어도 됩니다. 그러나 주식은 안 주면 죽지 않습니까? 그런데 '저 사람한테 고생의 밥과 물을 줘라'라고 합니다. 표준새번역은 이렇게 번역을 했습니다.

이자를 감옥에 가두고, 내가 평안히 돌아올 때까지, 빵과 물을 죽지 않을 만큼만 먹이라

"죽지 않을 만큼만 먹이라." 그 말을 듣고 미가야가 왕에게 이렇게 이야기했습니다. 28절입니다.

미가야가 이르되 왕이 참으로 평안히 돌아오시게 될진대 여호와께서 나를 통하여 말씀하지 아니하셨으리이다 또 이르되 너희 백성들아 다 들을지어다 하니라

'내가 고생의 밥과 물을 먹는 거는 아무 문제도 안 됩니다. 그러나 당신은 돌아오지 못합니다. 그리고 백성들아, 내 말을 들으시오.' 무슨 얘기입니까? '나는 앞으로 고생의 밥과 물을 평생 먹어도 좋습니다. 그러나 나는 하나님의 말씀을 바르게 전하고 바르게 사는 본을 여러분 앞에 보이겠습니다.'

이제 우리는 또다시 해답을 얻게 됩니다. 왜 유대교 지도자들과 장사꾼들이 거룩한 하나님 아버지의 집을 강도의 소굴로 만들었습니까? 그들은 하나님의 진리를 지키기 위해서 고생의 밥과 물을 먹어야 하는 것을 두려워했습니다. 왜 말세에 사람들이 모두 더 잘 먹고 잘사는 데에만 혈안이 됩니까? 하나님의 말씀을 좇기 위해서는 고생의 밥과 물을 먹는 것을 감수해야 된다는 것을 생각하지 않기 때문입니다.

예수님께서 뭐라고 말씀하셨습니까? '아무든지 나를 따

라오려거든 먼저 자기를 부인하고 따라오거라'(눅 9:23). 무
엇을 부인하라는 것입니까? 예수님, 하나님을 이용해서 더
잘 먹고 더 잘살고 싶은 너의 죄성을 부인하라는 것입니다.
한국 교회가 소생하는 길은 우리가 진리를 바르게 좇기 위
해서 고생의 밥과 물을 먹어도 좋다고 감수하는 순간부터
시작될 것입니다.

고생의 밥과 물

오늘은 부활주일입니다. 예수님께서 이 땅에 오실 때, 예
수님은 하나님의 아들인 성자 하나님이신데, 그분이 성자
하나님으로서 이 땅에서 더 잘 먹고 더 잘사는 것을 목적으
로 삼으셨다면 틀림없이 로마 황제로 오셨을 것입니다. 그
러나 예수님께서는 이 죄의 노예 된 인간들을 구원하시고
그들을 하나님의 자녀로 거듭나게 하는 하나님의 섭리를
이루기 위해 갈릴리에서 고생의 밥과 물을 감수하셨습니
다. 끝내는 죄에 빠진 인간을 살리시기 위해 십자가 죽음이
라는 고생의 밥과 물을 마시셨습니다. 하나님께서는 당신
의 구원을 이루시기 위해, 십자가 죽음이라는 고생의 밥과
물까지 감수하신 그 예수님을 죽음의 한가운데서 일어나

게 하셨습니다. 그것을 기념하는 것이 부활절입니다. 그러므로 부활의 주님을 믿는 그리스도인은 예수를 믿어 이 세상에서 더 잘 먹고 잘살겠다는 것을 삶의 목적으로 삼는 것이 아니라 그 예수의 영원한 길, 거룩한 길, 구별된 길을 좇기 위해서 고생의 밥과 물도 기꺼이 감수하겠다는 것을 결심하고 실천하는 사람들입니다.

어떤 교회가 좋은 교회입니까? 교인 수가 많은 교회? 세상에서 출세하고 돈 버는 사람들이 많이 있어서 헌금 액수가 천문학적으로 매년 쌓이는 교회? 아닙니다. 지금 헌금이 부족해서 한국 교회가 타락했습니까? 정말 좋은 교회는 예수 그리스도의 구별된 십자가, 그 거룩한 성화의 길을 걷기 위해서 고생의 밥과 물을 마시는 것을 마다하지 않는 교인들이 모인 교회입니다.

여러분, 오늘은 동광교회 창립 58주년 기념주일입니다. 여러분들께서는 지난 7년 동안 교회다운 교회를 지키기 위해 고군분투하셨습니다. 눈물의 광야의 골짜기를 걸어 오셨습니다. 저는 여러분들의 담임목사님을 존경합니다. 얼마든지 야합할 수 있었습니다.

미가야가 왕을 만나기도 전에 아합 왕이 보낸 사신은 미가야에게 '시드기야하고 우리 선지자들이 다 왕 듣기 좋은 이야기를 했으니 너도 듣기 좋은 이야기를 하거라'라고 했습니다. 이 세상은 정치권력이든 종교권력이든 항상 우리로 하여금 야합할 것을 강요합니다. 만약 미가야가 그때 야합했다면, 그는 더 잘 먹고 더 잘살 수 있었을 것입니다. 그러나 그 시대를 새롭게 하는 하나님의 교회, 하나님의 통로가 되지는 못했을 것입니다. 야합한 사람은 400명이나 있었습니다. 그러나 하나님의 정통성은 야합한 400명이 아니라 고생의 밥과 물을 먹을지언정 하나님의 말씀을 지키려 했던 미가야 한 사람을 통해 이어져 나갔습니다. 그 한 사람을 통해 그 시대가 새로워졌습니다. 여러분의 담임목사님이 야합하면 편하게 더 잘 먹고 더 잘사는 목회를 할 수 있었지만, 야합하지 않음으로 7년 동안 고생의 밥과 물을 먹었습니다. 그래서 교회다움이 지켜졌습니다.

그런 목사님을 지켜 주시고 함께해 주신 성도 여러분, 진심으로 사랑하고 존경합니다. 그러나 거기에서 끝나서는 안 됩니다. 여러분의 경험이 지금부터 한국 교회를 새롭게 소생시키는 초석이 되게 해야 합니다. 이제부터 여러분들의 삶의 목적을 예수를 이용해서 더 잘 먹고 더 잘사는 데

두는 것이 아니라 고생의 밥과 물을 먹더라도 바르게 사는 본이 되게 함으로, 한국 교회를 바르게 세우시려는 주님의 통로로 쓰임받게 되는 것입니다.

여러분, 인생을 시계에 비유하자면 모래시계라고 할 수 있습니다. 아날로그시계는 동그란 시계판 위를 시침과 분침이 그리고 초침이 무한 회전합니다. 디지털시계는 0부터 59의 숫자가 무한 반복합니다. 아날로그시계든 디지털시계든 그 시계를 들여다보고 있으면, 시계는 계속 앞으로 나아가니까 마치 내가 앞으로도 천년만년 살 것 같습니다. 내가 살아온 지나간 시간은 보이지 않습니다.

그러나 모래시계는 다릅니다. 모래시계는 구조부터 다릅니다. 모래시계는 투명한 삼각형 형태의 유리병 두 개가 역방향으로 엮여 있습니다. 그리고 위에 있는 모래가 아래로 떨어지는 구조입니다. 그 모래시계 윗부분의 유리병에 모래가 가득 찼다는 것은 한 인간이 태어난 순간입니다. 한 인간이 태어난 순간부터 윗병의 모래는 계속 떨어지게 되어 있습니다. 모래시계만이 지나간 시간을 보여 줍니다.

여러분, 몇 년을 살아오셨습니까? 저는 우리 나이로 71세입니다. 날수로 만 칠십 년 열흘을 살았습니다. 제 모래시계를 보면 비어 있는 공간이 보입니다. 제 모래시계의 윗부분에는 만 칠십 년 열흘이 뻥 뚫려 있습니다. 얼마만큼의 시간이 더 남아 있는지 저는 모르지만 분명한 것은 제 모래시계의 뻥 뚫린 윗부분 그 공간보다 훨씬 작은 부분에만 모래가 남아 있을 거라는 겁니다.

여러분의 모래시계 윗부분에는 얼마만큼의 모래가 남아 있습니까? 여러분, 그 모래시계가 남아 있는 동안에 고생의 밥과 고생의 물을 감수하시더라도 우리를 위해 십자가 죽음이라는 고생의 밥과 물을 잡수시고 부활하심으로 우리에게 영원한 생명의 길을 주신 그분의 그 길, 그 구별된 길을 우리 함께 좇아가십시다. 여러분을 통해서, 동광교회를 통해서 주님께서는 반드시 한국 교회를 소생시키실 것입니다. 왜인지 아십니까? 우리를 위해서 죽음의 십자가라는 고생의 밥과 물을 마시셨던 주님께서 부활하셔서서 우리와 함께하시기 때문입니다.

———

주님! 58년 전에 광주 땅에 동광교회를 세워 주시고, 그

동안 빛의 통로로 사용해 주신 것을 감사합니다. 거센 도전과 역풍 속에서 도리어 동광교회를 진리의 반석 위에 더욱 견고하게 세워 주신 것을 감사합니다. 동광교회를 이루고 있는 온 교우들과 목회자들이 오직 주님의 말씀을 위해 고생의 밥과 물을 기꺼이 감수하는 미가야로 계속 살게 해주셔서 동광교회로 인해 이 땅의 교회가 회복되며, 다가오는 우리 사회의 미래가 맑아지며 밝아지게 해주십시오. 예수님의 이름으로 기도드립니다. 아멘.

2019. 3. 31.
한신교회(성남시 분당구) 주일 3부 예배

교인의 수준,
목사의 수준

13 무리가 거기서 떠나 에브라임 산지 미가의 집에 이르니라 **14** 전에 라이스 땅을 정탐하러 갔던 다섯 사람이 그 형제들에게 말하여 이르되 이 집에 에봇과 드라빔과 새긴 신상과 부어 만든 신상이 있는 줄을 너희가 아느냐 그런즉 이제 너희는 마땅히 행할 것을 생각하라 하고 **15** 다섯 사람이 그 쪽으로 향하여 그 청년 레위 사람의 집 곧 미가의 집에 이르러 그에게 문안하고 **16** 단 자손 육백 명은 무기를 지니고 문 입구에 서니라 **17** 그 땅을 정탐하러 갔던 다섯 사람이 그리로 들어가서 새긴 신상과 에봇과 드라빔과 부어 만든 신상을 가져갈 때에 그 제사장은 무기를 지닌 육백 명과 함께 문 입구에 섰더니 **18** 그 다섯 사람이 미가의 집에 들어가서 그 새긴 신상과 에봇과 드라빔과 부어 만든 신상을 가지고 나오매 그 제사장이 그들에게 묻되 너희가 무엇을 하느냐 하니 **19** 그들이 그에게 이르되 잠잠하라 네 손을 입에 대라 우리와 함께 가서 우리의 아버지와 제사장이 되라 네가 한 사람의 집의 제사장이 되는 것과 이스라엘의 한 지파 한 족속의 제사장이 되는 것 중에서 어느 것이 낫겠느냐 하는지라 **20** 그 제사장이 마음에 기뻐하여 에봇과 드라빔과 새긴 우상을 받아 가지고 그 백성 가운데로 들어가니라

사사기 18장 13-20절

구약 사사시대의 특징은 모든 사람들이 저마다 "자기 소견에 옳은 대로" 살았다는 것입니다. 믿음은 하나님의 말씀대로 살기 위해서 하나님의 말씀이 자기 삶을 통해 인카네이션incarnation, '육화肉化'될 수 있도록 하나님 말씀 앞에서 자기를 부인하는 것입니다. 그런데 자기 소견에 옳은 대로 사는 삶의 원천은 자기 욕망입니다. 자기 욕망에 따라 자기 소견에 옳은 대로 사는 것은, 결과적으로 하나님 앞에서 자기부인이 아니라 자기강화의 삶이었습니다. 그 대표적인 예가 사사기 17, 18장에도 기록되어 있습니다.

팔레스타인 중부 지역인 에브라임 산지에 미가라는 사람이 살았습니다. 그 미가라고 하는 사람 집에는 신당이 있었습니다. 신당 속에 어머니가 만들어 준 신상이 안치되어 있었습니다. 그 어머니도 미가도 이방인이나 이교도가 아니었습니다. 그들은 모두 하나님을 믿는, 하나님의 선민이라는 유대인들이었습니다. 그러니 그들이 만든 신상은 하나님을 형상화한 우상이었던 것입니다.

그뿐이 아니었습니다. 당시 제사장들이 공적으로 제사를 주관할 때 입는 옷을 '에봇'이라고 했습니다. 그것은 오늘날의 양복처럼 그저 예복일 뿐이었습니다. 그러나 기드

온 시대 이후부터 제사장의 옷인 에봇이 신성시되어 경배의 대상이 되었습니다. 그 신당 안에는 에봇도 경배의 대상으로 걸려 있었습니다.

그뿐만이 아니었습니다. 당시 팔레스타인 사람들은 자기 집을 수호해 준다고 믿는 수호신 우상을 집집마다 하나씩 들고 있었습니다. 미가 집에도 있었습니다. 그래서 미가 집 신당에는 하나님의 우상, 신격화된 에봇, 그리고 자기 집을 지켜 준다고 믿는 수호신 우상 드라빔이 안치되어 있었고 그것이 경배의 대상이 되었습니다.

미가는 에브라임 지파입니다. 그러니 자기 아들도 두말할 것 없이 에브라임 지파입니다. 미가는 신당에 그런 신상들을 안치하고 자기 아들 중에 한 명을 거룩하게 구별해서 제사장을 삼았습니다. 그리고 제사를 드리게 했습니다. 미가가 매일 아들과 함께 신당에서, 자기 딴에는 하나님께 제사를 드린다고 드리지만 마음속으로는 미흡함을 느꼈던 것 같습니다.

어느 날, 그 집에 떠돌이 청년이 들르게 되었습니다. 그 떠돌이 청년은 마땅히 정착할 데가 없어 동가식서가숙東家食西家宿하는 방랑 청년이었습니다. 이 청년을 만난 미가가 이런저런 얘기를 하다가 '어디 무슨 지파 출신이냐' 하고 물었습니다. 그러자 이 청년이 레위 지파 출신이라고 합니다. 그 말을 듣고 미가가 쾌재를 불렀습니다. 본래 제사장들은 레위 지파만 할 수 있었기 때문입니다. 그 즉석에서 미가가 이 레위 청년에게 제안을 했습니다. '내가 너에게 1년 밤낮으로, 1년 열두 달 내내 숙식을 제공하고, 연봉으로 은 열 냥을 주고 의복 한 벌을 주겠다.' 당시에는 의복이 재산이었습니다. 그래서 구약성경을 보면, 의복을 전당 잡히고 그러지 않습니까? '이렇게 너에게 대우해 줄 테니까 레위인인 네가 내 영적 아비가 되어 주고 우리 집 신당의 제사장이 되거라.'

미가는 그 청년이 레위인이라는 것만 확인했을 뿐, 그 레위 청년이 제사장 훈련을 거친 사람인지, 자격을 갖추고 있는지, 수준이 되는 사람인지 전혀 따지지 않았습니다. 요즘 말로 하면 외형 스펙만 보고 그 사람을 스카우트했습니다. 떠돌이 레위 청년에게는 그보다 더 좋은 제안이 있을 수 없었습니다. 그는 즉각 수락했습니다. 떠돌이에게 1년 연봉은 열 냥, 숙식 제공에 옷 한 벌은 엄청난 것이었습니다. 그날로부터 이 레위 청년은 지성을 다해서 신당을 섬기면서 제사장과 미가의 영적 아비 역할을 했습니다. 지금 미가는 자기 심정으로는 우상을 섬기는 게 아닙니다. 하나님의 신상을 놓고 자기 딴에는 하나님을 경배하는 것입니다. 레위인 출신 제사장도 있고, 그 제사장이 제사를 주관합니다. 얼마나 흡족해하는지, 그 미가의 모습이 눈에 선하지 않습니까?

그런데 여러분 한번 생각해 보십시오. 십계명 제1계명은 "나 외에는 다른 신들을 네게 두지 말라"는 것입니다. 그런데 그 신당에는 에봇과 드라빔이 신격화되어서 경배의 대상이 되어 있습니다. 십계명 제1계명을 어긴 것입니다.

제2계명은 "너를 위하여 새긴 우상을 만들지 말라" 입니다. 이것은 너 자신을 위해서 하나님의 형상을 세상 무엇으로도 표현하지 말라는 것입니다(출 20:23). 시간과 공간을 초월하시는 영이신 하나님께서는 시간과 공간의 지배 속에 있는 어떤 물질로도 형상화될 수 없기 때문입니다. 그런데 그 신당 안에는 하나님을 형상화한 우상이 안치되어 있습니다. 그 젊은 제사장이 자기가 받는 연봉에 걸맞게 안식일마다 제사를 얼마나 지성으로 주관했겠습니까? 미가가 영적으로 얼마나 흡족했던지 혼자서 이렇게 말을 했습니다.

사사기 17장 13절의 증언입니다.

이에 미가가 이르되 레위인이 내 제사장이 되었으니 이제
여호와께서 내게 복 주실 줄을 아노라 하니라

여기에서 '안다'는 것은 '확신한다'는 것입니다. '내가 제
사를 드릴 때마다 하나님께서 내게 복을 주실 줄을 확신하
노라.' 이것이 사실이겠습니까? 그 신당에서 미가가 그 제
사장과 함께 제사를 드리고 자기 마음으로는 감동을 받고
복 받았다고 감사하면 할수록, 실은 그는 하나님과 점점 멀
어지는 것입니다. 어떻게 미가가 그런 떠돌이 레위 청년을
자기 영적 아비로 삼고 자기 집 제사장을 삼을 수 있었겠습
니까? 어떻게 그런 수준 미달의 청년을 제사장 삼고 그 제
사에 참여하고 하나님의 복을 받는다고 믿을 수 있었겠습
니까? 그것이 미가의 수준이었기 때문입니다. 미가의 수준
이 그 수준에 상응하는 제사장을 섬기게 한 것입니다.
　당시까지 이스라엘 열두 지파 가운데에 단 지파만 땅을
분배받지 못했습니다. 그래서 단 지파는 자기들이 '팔레스
타인 가나안 땅 중에서 어느 지역에 정착할 수 있을까' 하

고 땅을 탐지하기 위해서 다섯 명의 정탐꾼들을 북쪽으로 보내었습니다. 그 정탐꾼들이 북쪽으로 가다 보니 에브라임 산지를 지나게 되었습니다. 그 산지를 지나가다가 미가 집에 들르게 된 것입니다. 미가 집에 들러 밥 한 끼 얻어먹으면서 집을 둘러보는데, 그들 눈에 그 집에 있는 신당이 멋지게 보였습니다. 거기에 있는 신상이 대단한 예술작품처럼 보였나 봅니다. 게다가 그 청년 제사장이 아주 준수하게 생겼던 것 같습니다.

이 다섯 명의 정탐꾼들이 그 신당, 신당에 안치되어 있는 신상들 그리고 그 청년 제사장을 마음에 두었습니다. 그리고 북쪽 땅을 탐지하면서, 북쪽의 라이스 지역이 자기네 지파가 정착하기에 딱 알맞은 땅이라는 것을 발견했습니다. 정탐꾼들이 단 지파에게 가서 이것을 보고했습니다. 단 지파 상층부에서는 칼잡이 600명으로 특공대를 만들었습니다. 그리고 정탐꾼 다섯 명을 앞장세워서 이제 라이스 땅을 정벌하러 갔습니다.

정벌하러 가는 길에 또다시 에브라임 산지를 지나게 되었습니다. 그러자 다섯 명의 정탐꾼들이 자기네들이 기억해 두었던 미가의 집에 들어갔습니다. 그리고 아무하고도

상의하지 않고, 불문곡직不問曲直하고, 그 집 신당에 들어가서 하나님의 신상, 에봇, 드라빔을 들고 나왔습니다. 탈취, 도둑질한 것입니다. 그 광경을 그 집 신당의 청년 제사장이 봤습니다. 그 청년 제사장이 정탐꾼 다섯 명에게 '당신들, 이게 무슨 짓이냐'며 그 앞을 가로막고 제지했습니다. 그러자 즉석에서 단 지파 다섯 명의 정탐꾼들이 그 청년 제사장을 이렇게 스카우트했습니다.

오늘 본문 18장 19절입니다.

그들이 그에게 이르되 잠잠하라 네 손을 입에 대라 우리와 함께 가서 우리의 아버지와 제사장이 되라 네가 한 사람의 집의 제사장이 되는 것과 이스라엘의 한 지파 한 족속의 제사장이 되는 것 중에서 어느 것이 낫겠느냐 하는지라

'너 떠들지 마, 쉬잇! 너 가만히 한번 생각해 봐. 이 산골 조그만 마을에서 한 집안 제사장으로 평생 살래, 아니면 우리를 따라가서 이스라엘 열두 지파 가운데에 한 지파, 큰 지파의 제사장으로 살래?' 이렇게 스카우트를 한 것입니다.

그 청년의 반응이 이렇습니다.

18장 20절입니다.

그 제사장이 마음에 기뻐하여 에봇과 드라빔과 새긴 우상
을 받아 가지고 그 백성 가운데로 들어가니라

이 청년 제사장은 거절하지 않았습니다. 그 말을 듣는 즉
시로 기뻐했습니다. 여러분, 이 정탐꾼들의 스카우트 제의
내용을 요즘 말로 바꾸어 표현하면 어떤 표현이겠습니까?
'야, 너처럼 능력 있는 목사가 이런 소도시에서 이 작은 교
회 하나? 나하고 가자. 서울 가서 큰 교회 목사 해. 그래서
큰일 해. 하나님 위해서 크게 선교 사업해.' 이 청년이 그 말
을 듣자마자 기뻐했습니다. 그리고 단 지파가 방금 훔친 신
상, 에봇, 드라빔을 자기가 받았습니다. 그것은 자기 소유
물이 아닙니다. 그것은 미가의 소유물입니다. 그런데 그것
을 자기가 받아 안고 단 지파를 따라갑니다. 조금 있다가
그 사실을 안 미가가 '무슨 짓들 하느냐'며 나와서 소리쳤
지만, 칼잡이 600명 앞에서 어떻게 할 도리가 없었습니다.
이 청년은 지금까지 자기를 먹여 주고, 자기에게 은 열 냥

을 주고, 옷을 주고, 자기를 제사장 삼아 준 미가에 대해서 최소한의 도덕도 윤리도 예의도 지키지 않았습니다. 그 스스로가 장물을 품에 품고 단 지파를 따라가는 인간이 되고 말았습니다.

18장 제일 마지막 구절(31절)을 보면, 이 레위 청년이 죽을 때까지 단 지파의 제사장으로 살았습니다. 여러분, 이 단 지파가 이 청년을 스카우트해 가서는 라이스 땅을 정복하고 거기에 신당을 더 크게 짓지 않았겠습니까? 거기에 미가의 집에서 훔친 신상을 모시고, 에봇을 모시고, 드라빔을 모시고, 거기에서 더 경건하게 제사드리지 않았겠습니까? 그 제사가 하나님을 위한 제사입니까? 아니었습니다. 헛짓이었습니다. 그런데 왜 단 지파가 그런 어리석은 짓을 하고, 무자격 청년 레위인을 데려다가 그가 죽을 때까지 그를 자신들의 영적 아비로 삼고 섬겼습니까? 그것이 단 지파의 수준이었습니다. 그때 그들의 수준에 맞는 제사장을 섬길 수밖에 없었습니다.

아시는 분은 아시겠습니다만, 성경을 죽 읽다 보면 성경에서 단 지파는 이후 실종되고 맙니다. 증발됩니다. 없어져 버립니다. 어디로 갔는지 아무도 모릅니다. 하나님의 말씀인 성경 속에서 한 지파, 단 지파가 송두리째 증발되어 버린 것은 결코 우연이 아닙니다. 그들의 수준이 초래한 당연한 결과였습니다.

그런데 여러분, 어떻습니까? 단 지파의 스카우트를 받은 뒤, 그동안 같이 생활했던 미가를 돌아보지도 않고 그 집의 신상을 가슴에 품고 단 지파를 따라가는 이 청년 레위 제사장, 떠돌이 생활을 하다가 미가 제의를 받고 그 집안의 제사장이 된 그 청년, 어디서 많이 본 친숙한 광경 아닙니까?

담임목사 스카우트

오늘날 한국 교회는 어느 교회든지 담임목사가 공석이 되기만 하면 제일 먼저 다른 교회 담임목사를 스카우트하려고 합니다. 다른 교회 목사를 스카우트하는데, 내가 지금 다니는 교회보다 교인 수가 더 많은, 외형이 더 큰 교회 목사는 올 리가 없지 않습니까. 그러니 내가 다니는 교회보다 사이즈가 조금 작은 교회 가운데서 능력이 있다고 생각되는 목사를 스카우트해 옵니다. 그러면 그 교회는 어떻게 됩니까? 하루아침에 담임목사를 뺏긴 그 교회는? 자기네들 교회보다 규모가 조금 작은 어느 교회 목사를 또 스카우트해 옵니다. 그러면 스카우트당한 교회는 또 스카우트를 해 와야 합니다. 지금 한국 교회는 매일 어디서엔가 연쇄 담임목사 스카우트의 악순환이 계속되고 있습니다.

여러분, 담임목사가 공석이어서 타 교회 담임목사를 스카우트해 오자고 할 때, 그 기준이 무엇입니까? 지금 주일 예배에 출석하는 교인 숫자가 줄어들지 않게 할 목사, 지금의 헌금이 감소되지 않게 할 목사. 그러면 본전이니 더 나아가서 지금보다 교회를 더 부흥하게 할 목사. 그래서 '설교 잘하는 목사를 스카우트하자' 그럽니다.

여러분, 그런 기준으로 여러분들이 목사를 스카우트하면, 소위 CEO를 데려옵니다. 여러분들에게 목사로서 당부합니다. 목사는 CEO가 아닙니다. 설교는 잠시 공기를 진동시키고 사라집니다. 그것은 '말'입니다. 여러분, 성경을 보십시오. 성경의 90퍼센트 이상은 우리가 듣기 거북한 말씀입니다. 우리를 야단치시는 말씀입니다. 하나님께서 왜 우리에게 선지자를 보내어서, 예수님을 보내어서, 왜 당신의 말씀으로 우리를 야단치고 질책하십니까? 우리를 사랑하시기 때문에, 우리가 죄성에 빠져 죄 가운데서 쓰러져 가기 때문에, 우리가 살아 있는 동안에 단 1초도 허비하지 않고 바르게 우리의 인생을 건져 올릴 수 있도록 하기 위해 주님 께서는 우리를 질타하십니다. 그것이 생명의 말씀입니다. 그런데 CEO는 교인들이 들어야 될 '하나님의 말씀'이 아니라 '듣기 좋은 말'을 합니다. 듣기 좋은 말은 공기를 진동 시키는 순간은 듣기 좋지만 여러분의 생을 절대로 변화시 키지 못합니다.

하나님의 말씀은 우리에게 불편한 진실을 수반합니다. 우리의 혼과 관절과 영혼을 찔러 쪼갭니다. 우리의 양심을 칩니다. 가책을 느끼게 합니다. 그래서 내가 그릇된 삶을 버릴 때, 영적인 희열을 느끼게 해주는 것입니다. 그런데 많은 교회들이 담임목사가 공석일 때마다 CEO를 모셔 오려고 합니다.

여러분, 장로님께서 기도하실 때 예수님의 마음으로 교인들을 사랑하는 목사님을 보내 달라고 하셨습니다. 아무리 작은 교회 목사님이라도, 예수님을 사랑하는 마음으로 그 교회 교인들을 사랑하는 '소명인'이라면 그분이 다른 교회의 스카우트 제의를 받겠습니까? 저는 소명인이라면, 어떤 교회가 스카우트를 해도 받아들이지 않아야 마땅하다고 생각합니다. 자기 스스로 임기를 정한 목사라면 절대로 누구의 스카우트도 받아들이면 안 됩니다. 한 교회의 담임목사가 스카우트를 받아들였다? 그분은 직업인일 수는 있으나 소명인일 수는 없습니다.

여러분, 소위 한국 교회에서 부목사로 불리는 전임목사들이 '담임목사 청빙하는 광고 없나?' 살피고 이력서를 내는 것, 그것은 당연한 일 아닙니까? 부목사로 불리는 전임목사들도 기회가 닿으면 담임목사로 사역해 봐야 되지 않겠습니까? 그러나 교인이 많이 회집하든 적게 회집하든, 한 교회의 담임목사가 자기 교회보다 교인이 더 많이 모이는 교회의 청빙 언저리를 왔다 갔다 한다? 그는 결코 소명인일 수 없습니다. 그분이 아무리 능력이 검증되었다 할지라도 그런 분이 오면 CEO로서 여러분의 귀에 듣기 좋은 소리만 할 것입니다.

2천 년 전 사도 바울은 안타까운 마음으로 고린도 교인들에게 이렇게 증언을 했습니다.

고린도후서 2장 17절입니다.

우리는 수많은 사람들처럼

바울은 지금 "우리"라는 주어와 "수많은 사람들"을 비교해서 설명합니다. "우리"가 누구입니까? 바울 자신을 포함해서 누가, 디모데처럼 좁은 길을 걷는 소수입니다. "수많은 사람들"은 누구입니까? 당시의 설교자들입니다. 요즘 말로 하면 목사들입니다. 바울은 "우리는 수많은 사람들[설교자들]처럼 하나님의 말씀을 혼잡하게 하지 아니하고 곧 순전함으로 하나님께 받은 것같이 하나님 앞에서와 그리스도 안에서 말하노라"(고후 2:17)라고 합니다. '우리는 절대로 하나님 말씀을 혼잡하게 하지 않는다.' 이것이 바울의 말입니다.

무슨 말이겠습니까? 바울이 보건대, 당시 절대다수의 설교자들이 하나님의 말씀에 불순물을 집어넣은 것입니다. 교인들 듣기 좋게. '혼잡하게 하다'라고 번역된 헬라어 동사 '카펠류오καπηλεύω'는 '카펠로스κάπηλος'라는 명사에서 파생된 동사인데, '카펠로스'는 '행상行商'을 뜻합니다. 2천년 전에는 크든 작든 간에 붙박이 점포를 가지고 있는 장사꾼은 불량품을 팔 수 없었습니다. 붙박이 점포를 가지고 있다는 것은 고객이 다 그 인근 주민들이라는 말입니다. 내가 내 가게에서 불량품을 판매하면 주민들이 오지 않으니까 그것은 망하는 첩경입니다.

행상들은 달랐습니다. 행상들은 오늘은 동쪽, 내일은 북쪽, 모레는 남쪽. 내가 한 번 방문한 그 조그만 마을에 내 생애 다시 올지 안 올지 알 수 없습니다. 그래서 행상들은 한 병의 포도주를 사서, 그 포도주에 물을 섞었습니다. 그리고 물을 섞은 것을 모르게 하기 위해서 다른 감미료를 집어넣었습니다. 그리고 그걸 팔았습니다. 바울은 지금 그 얘기를 하는 것입니다.

당시에 설교자들은 하나님의 바른 말씀을 선포하는 것이 아니라 자기의 유익을 구하기 위해 교인들의 귀에 듣기 좋게끔 불순물을 섞어 넣었습니다. 당의정糖衣錠을 치는 것입니다. 요즘 말로 하면 적극적 사고방식, 긍정의 힘, 이런 당의정을 치라는 것입니다. 여러분, 바울이 적극적인 사고방식을 할 줄 몰라서 목이 떨어져서 죽었습니까? 예수님께서 긍정의 힘을 갖고 계시지 않았기 때문에 십자가에 못 박혀 돌아가셨습니까? 아니지 않습니까? 하나님의 말씀을 삶으로 순종하기 위함이었습니다. 따라서 이제부터 한국교회는 담임목사가 공석일 때에 가장 안이한 방식인 타 교회 담임목사를 스카우트하려는 악순환의 고리를 끊고 소명인을 찾아서 소명인을 키워야 합니다.

예수님께서 베드로와 안드레를 부르실 때에 이렇게 말씀하셨습니다. 마태복음 4장 19절입니다.

나를 따라오라 내가 너희를 사람을 낚는 어부가 되게 하리라

예수님께서 당신의 제자를 부르실 때, 세팅이 끝난 예루살렘의 유대교 지도자들을 부르시지 않았습니다. 유대교 서기관들과 율법사들을 스카우트하시지 않았습니다. 예수님께서는 갈릴리의 배운 것 없는 베드로, 안드레, 그러나 하나님 앞에서 원석原石인 그들을 스카우트해 내셨습니다. 그리고 그들에게 이렇게 말씀하셨습니다. '내가 너희들을 지금부터 사람을 낚는 어부가 되게 하겠다.' 우리말 성경에는 '낚는다'는 동사가 기록되어 있지만 헬라어 원문에는 '낚다'라는 동사가 없습니다. 예수님께서는 이렇게 말씀하신 것입니다. '내가 너를 사람의 어부로 만들리라.' 그 부름받은 베드로, 안드레를 요즘에 적용시키면 누가 됩니까? 예수님께서 목사를 부르시면서, 예수님께서 장로를 부르시

면서, 예수님께서 권사와 집사를 부르시면서, 예수님께서 그리스도인들을 부르시면서 '내가 너를 사람의 어부로 삼으리라' 하신 것입니다.

여러분, 왜 예수님께서는 '내가 너 나의 제자로 삼을게'라고 말씀하시지 않았을까요? 하필이면 왜 '어부'라는 단어를 쓰셨겠습니까? 신학은 머리로 할 수 있습니다. 철학은 입으로 할 수 있습니다. 그러나 어부는 머리와 입으로 어부 노릇을 할 수 없습니다. 어부는 손과 발을 포함한 몸을 쓰지 않으면 안 됩니다.

2천 년 전에 빈한하기 짝이 없던 갈릴리 빈민 어부들은 어떤 사람들이었습니까? 태어나서 죽을 때까지, 자기에게 부양된 가족에 대한 책임을 다하기 위해서 뼈가 으스러지기까지 그물을 던지고 고기를 잡는 숙명을 지닌 사람들입니다. 주님의 부르심을 받을 때, 베드로에게는 장모가 있었습니다. 그 처가집 속사정이 어떠했는지는 모르지만, 처가가 몰락해서 베드로는 처갓집 식구까지 먹여 살려야 했습니다. 다른 사람이 그물을 한 번 던지면 딸린 식구가 많은 베드로는 두 번 세 번을 던져야 했습니다. 그들에게 예수님께서 '이제부터 너희들은 사람의 어부가 되어야 한다'고 하

신 것입니다. 이제 해석이 되십니까? '이제까지는 너희에
게 부양된 가족만을 위해서 뼈가 으스러지게 너희 자신을
주는 삶을 살았지만, 이제부터 너희들은 내 백성, 하나님의
백성 모두를 위해서 뼈가 으스러지기까지 너희 삶을 어부
처럼 주는 사람이 되어야 한다.' 그 사람이 그리스도인이고
목사고 장로고 권사고 집사입니다.

주님의교회 이야기

오늘은 사순절 네 번째 주일입니다. 사순절은 우리를 위
해서 십자가 고난을 당하신 주님을 기리는 절기입니다. 주
님께서 십자가에서 어떻게 고난을 당하셨습니까? 우리를
살리시기 위해, 우리의 죗값을 대신 치르시기 위해 당신이
제물이 되지 않으셨습니까? 예수님께서는 당신의 뼈가 으
스러지기까지 당신의 몸을 우리에게 주신 어부셨습니다.
그래서 너희들도 이렇게 살라는 것입니다. 여러분, 'CEO
직업인' 목사를 스카우트하는 것이 아니라 지금부터 원석
인 '사람의 어부', '소명인'을 찾아서 인내하면서 키워야 됩
니다.

저 자신의 경험을 말씀드리는 것을 양해해 주시기 바랍

니다. 1988년도에 주님의교회가 개척되었습니다. 저는 초대 교역자입니다. 당시 저는 목사가 아니었습니다. 전도사였습니다. 저는 소위 말하는 교역자의 인턴 코스, 레지던트 코스라고 하는 전임전도사를 하지 못했습니다. 제 경력은 영락교회 교육전도사가 전부입니다. 그런데도 저와 함께 주님의교회를 시작했던 교인들은 전도사에 불과한 저를 교역자로 세우고 저를 전폭적으로 믿고 키워 주셨습니다. 그분들은 학력으로나 경력으로나 인품으로나 신앙 경륜으로나 모두 저보다 앞선 분들이었습니다. 그럼에도 불구하고 저를 믿고 인내하면서 키워 준 결과로 오늘 제가 여러분들 앞에 이런 모습으로 설 수 있고, 주님의교회 같은 교회가 오늘 이 땅에 존재할 수 있게 되었습니다.

제가 주님의교회를 목회하면서 제 임기를 10년으로 정했습니다. 처음부터 10년으로 정했는데 그 말을 믿는 교인들이 없었습니다. 떠나지 않기를 바라는 마음이 더 컸기 때문일 것입니다. 교인들이 7년, 8년째까지도 제가 그만둔다는 것을 믿지 않다가 8년이 지나면서 '이제 진짜 관두나 보다' 생각했습니다. 당회에 빨리 후임자를 결정해 달라고 했는데 당회가 후임자를 정하지 못해 임기 1년을 앞두고 제가 "지금 빨리 정하시지 않으면 안 됩니다. 정해 주십시오"
라고 했더니, 당회에서 저한테 말씀하기를 '후보자를 천거
해 주면 그 후보자 가운데에서 결정을 하겠다'고 했습니다.

제가 다섯 명의 후보자를 천거했습니다. 그때 제가 한 가
지 조건을 걸었습니다. '주님의교회는 절대로 타 교회 현직
담임목사를 스카우트하지 않는다.' 그래서 제가 천거한 후
보자 1번부터 4번은 유학 중인 젊은이, 선교사들이었습니
다. 다섯 번째로 제가 후보명단에 올렸던 분이 당시 한국을
대표하는 대형교회 담임목사였습니다. 그 당시 현직 담임
목사였습니다. 제가 당회에 "이분은 현직 담임목사이니 우
선순위에서 제외입니다. 그러나 청빙 기간 동안에 만약 이
분이 시무하는 교회를 사임하고 무임목사가 되면 그때는
이분도 청빙할 수 있습니다"라고 했습니다.

제가 그렇게 한 이유가 있습니다. 그분은 대형교회 목사
님이었는데, 몇 차례 만나서 다과를 할 때마다 "하~ 나도
주님의교회 같은 교회를 목회했으면 참 좋겠다"라는 얘기
를 하셨습니다. 그분은 농으로 하셨는지 모르겠지만, 저는
마음에 새겨 두었습니다. 그래서 혹 그분이 진짜 그 교회를
떠나면 그분을 후보에 넣어 달라고 하고 다섯 명을 내었는

데, 청빙 초기에 그분이 정말 그 대형교회를 자진 사임하셨습니다. 무임목사가 되셨습니다. 그래서 주님의교회가 주님의교회보다 외형적으로 훨씬 더 큰 대형교회 출신 무임목사를 제 후임목사님으로 모시게 된 것입니다.

제가 창립 이후 20년 동안 미자립 교회였던 제네바 한인교회의 요청을 받고는 3년 동안 봉급의 60퍼센트만 받고 가족을 데려가지 못한 채 약속대로 그분들을 섬겼습니다. 3년 만에 그 교회가 재정적으로 자립이 되었습니다. 그래서 제 후임자는 가족과 함께 올 수 있게 되었습니다. 3년이 지나서 제가 그 교회를 떠날 때가 되자 저한테 자기를 후임자로 천거해 달라고 자천하는 목사들이 있었습니다. 다 한국에서 담임목사 하는 사람들이었습니다. 저는 그분들이 소명인으로 보이지 않았습니다. 그래서 제 후임자로는 주님의교회 부목사라 불리던 당시 전임목사님이 오셔서 제네바 한인교회 담임목사로 두 텀, 6년을 잘 시무했습니다.

작년(2018년)에 제가 은퇴한 100주년기념교회 제 후임자로는 저와 함께 100주년기념교회에서 동역하던 전임교역자 네 분이 공동담임목사로 세움을 받았습니다. 저는, 우리 100주년기념교회 교인들이 주님께서 그 네 분을 한국 교회

미래를 위한 기둥으로 키워 주실 것을 믿고, 그 네 분은 그들의 임기가 끝날 때까지 변치 않는 마음의 소명인으로 교회와 교인들을 위해서 자신들의 모든 삶을 드리는 교인들의 어부, 소명인으로 살아갈 것을 믿습니다.

사랑하는 한신교회 형제자매 여러분. 3대 담임목사 청빙을 앞두고, '중요한 시기이므로 와서 주일설교를 해달라'는 요청을 받고 이렇게 멀리까지 와서 단에 섰습니다. 관객들의 수준이 한 나라 영화의 수준을 결정합니다. 영화사와 감독들이 아무리 수준 높은 영화를 만들어도 관객들이 수준 높은 영화를 외면하면 그 나라 영화 수준은 하향평준화될 수밖에 없습니다. 똑같은 논리로 독자의 수준이 한 나라 출판의 수준을 결정합니다. 한신교회 교인, 형제자매 여러분들의 수준이 3대 담임목사의 수준을 결정합니다. 여러분이 세팅이 끝난 CEO가 아니라 하나님께서 어딘가에 예비해 두신 원석을 찾아서 함께 기도하며 그 원석을 키우시기를 결정한다면, 10년 후에 한신교회는 한국 교회 미래를 위한 이정표로 우뚝 서 있으리라 믿습니다.

———

주님, 주님의 몸 된 한신교회입니다. 주님께서 핏값으로 사신 한신교회입니다. 이 한신교회를 위해 주님께서 이미 원석인 소명인을 예비시켜 주신 줄로 믿고 감사합니다.

관계자들에게 지혜를 주셔서 주님께서 걸어가신 십자가의 길을 자기의 삶으로 보여 주는 소명인, 자기가 입으로 한 설교를 삶으로 입증하는 소명인, 모든 교인들을 위해서 어부로 살아가는 소명인을 잘 찾고, 모든 교인들이 합심해서 그 소명인을 키움으로 인해 한신교회가 미래 한국, 한민족 복음화를 위한 선두 주자가 되게 하여 주시옵소서. 예수님의 이름으로 기도드립니다. 아멘.

이재철의 메시지

The Messages of Pastor Lee Jae-Chul

지은이 이재철
펴낸곳 주식회사 홍성사
펴낸이 정애주
국효숙 김의연 김준표 박혜란 손상범
송민규 오민택 임영주 차길환

2023. 11. 3. 초판 1쇄 인쇄   2023. 11. 17. 초판 1쇄 발행

등록번호 제1-499호 1977. 8. 1.
주소 (04084) 서울시 마포구 양화진4길 3   **전화** 02) 333-5161   **팩스** 02) 333-5165
홈페이지 hongsungsa.com   **이메일** hsbooks@hongsungsa.com
페이스북 facebook.com/hongsungsa
양화진책방 02) 333-5161

ISBN 978-89-365-0390-1 (03230)